Plinio Maiori
et omnibus Vesuvio interfectis
et, certe, Fortunae

# Praefatio:

This is a novel in the style of a choose-your-own-adventure. For those unfamiliar with them: this book is not intended to be read straight through. At the bottom of many of the pages, you'll be offered a choice and directed to a chapter based on that choice. The book will likely be different each time you read it. As such, we have elected not to include a word count, as it would vary widely depending on the choices you make. Some paths will end quite abruptly, and others will take some time.

**Notate bene:** when the guide at the bottom of the page directs you to another chapter, this number refers to the bolded number in the top left. Sometimes it will direct you to make a choice; other times it will simply tell you to proceed somewhere.

We've found this book primarily suitable for second semester Latin II students and beyond. All non-glossed words are used a minimum of 15 times each, and the *index vocabulorum* is comprehensive.

Please also note that we have elected to use modern time-telling rather than Roman hours. This was for the sake of ease for our readers – many of them are not familiar with Roman time-keeping, and so we felt it would <u>obfuscate</u> rather than enlighten if we used Roman hours.

This book takes place in Stabiae on the two days of the eruption of Vesuvius. You'll play as Antonia, a teenage girl of few means living through the eruption. It was important to us when we were writing this to create a strong female lead. Especially under such stressful circumstances, we wanted to give agency to a girl. You'll encounter several women through the course of this book, which can be used to discuss the various parts women play in the empire at this time.

It was equally important to us to create a character of not much wealth, to illustrate some of the circumstances the lower class would run into.

---

*Obfuscate: to obscure, make more difficult to understand. In-text glosses will look like this.*

Antonia will encounter a number of wealthier characters as foils to her own circumstances, which will hopefully be a window to discussion in your classroom or individual readings.

The illustrations are the work of the talented Isabella Pelegrin, who co-authored this book. On the next page, you'll find a map to assist in locating Antonia and Crispus in their adventures. **For further resources or sources, please see the historical note at the end.** Chief thanks to Charlie Williams, Quency Ellis, Tyler Rhine, the 2017-2018 GHS Latin II and III students, and Catherine Reed and her students for piloting this book.

Sensitivity warnings: poverty, possible character death, loss of family.

We hope you enjoy,
Arianne Belzer and Isabella Pelegrin

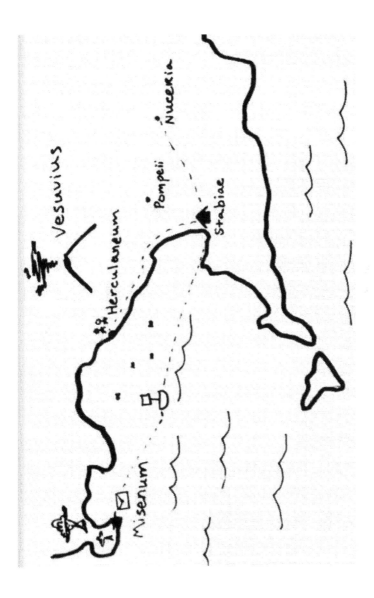

# 1     septima sēmis (7:30) mane

Nōmen tibi est Antōnia. Quattuordecim
(14) annōs nāta es. Frāter tuus, Crispus
nōmine, parvus est. Quīnque (5) annōs nātus
est. Parentēs nōn vīvunt. Abhinc quīnque
annōs, māter mortua est. <u>Cum Crispus nātus
est</u>, māter mortua est. Post ūnum annum,
pater mortuus est. Pater senex nōn erat,
sed trīstis. Pater trīstis erat quod māter
mortua est. Pater mortuus est quod trīstis
erat.

Quod Crispus multōs annōs nātus nōn est,
Crispus mātrem et patrem memoriā nōn
tenet. Sed tū mātrem et patrem memoriā
tenēs. Cum parva erās, multum lacrimābās,
sed hodiē nōn lacrimās.

---

*Cum...natus est: when he was born*

Necesse est cūrāre Crispum, et nōn licet tibi lacrimāre.

Nunc, tū et Crispus in vīllā nōn habitātis sed in tabernā.
Hodiē, hominēs in hāc tabernā nōn labōrant. 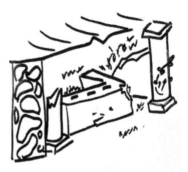Taberna in quā habitātis parva est. Taberna iānuam nōn habet. Taberna pulchra nōn est. Tū et Crispus in tabernā nunc habitātis.

In urbe habitātis. Urbī nōmen est Stabiae. In urbe Stabiīs habitātis, prope Pompēiōs. Urbs nōmine Pompēiī pulchra est, sed nōn est tam pulchra quam urbs nōmine Stabiae.

---

*Labōrant: they work*
*Tam...quam: as...as*

Stabiae pulcherrimae sunt. Multae vīllae magnae Stabiīs sunt...sed vōs in vīllā nōn habitās.

Hodiē in tabernā, Crispus currit et tē spectat, dīcēns, "Antōnia! Antōnia! Ēsuriō!" Crispus semper ēsurit.  Tū, <u>vexāta</u>, respondēs, "Crispe! Semper ēsūrīs!" Crispus, trīstis, respondet, "Tē amō, Antōnia. ...sed ēsuriō. Estne cibus? Habēsne cibum? Cibum habēre volō. Antōnia, ēsūrīōōōōōōōōōōō."

*Sī cibum Crispō quaerere vīs, prōgredere ad capitulum secundum (2).*
*Sī īrāscī vīs, quaere capitulum tertium (3).*

---

*Vexata: annoyed*

Duās minūtās, Crispus sedet et nōn loquitur.
Tum, clāmat, "Cibum habēre volō! Cibum
habēre volō! Cibum habēre volō!" Multās
minūtās, tū spectās Crispum clāmantem,
"ĒSURIŌ CIBUM HABĒRE VOLŌ ĒSURIŌ
ANTŌNIA." Crispus tē vexat. Crispus nōn
semper tē vexat, sed nunc tē vexat. Tum:

"Vae, fīat, Crispe!" inquis vexāta. "Semper
loquīris. Semper rogās cibum. Semper
cibum habēre vīs. Fīat, cibum quaeram.
Necesse est mihi īre ad Forum."

Crispus, "VOLŌ AD FORUM ĪRE. LICETNE
MIHI AD FORUM ĪRE? AD FORUM ĪRE
VOLŌ, ANTŌNIA," clāmat.

---

*Vae, fīat!: Bah, okay!*

Cōgitās. Vīsne frātrem ad Forum tēcum ferre? Frāter tē vexat et semper loquitur. Frāter semper effugit.

...sed frāter quīnque annōs nātus est. Multōs annōs nōn nātus est. <u>Quid est agendum</u>?

Sī frātrem ad Forum tēcum fers, quaere capitulum quārtum (4).
Sī frātrem relinquere vīs, quaere capitulum quīntum (5).

---

Quid est agendum: what needs to be done?

Crispus clāmat, "Cibum habēre volō! Cibum habēre volō! Cibum habēre volō!" Multās minūtās, spectās Crispum clāmantem, "ĒSURIŌ CIBUM HABĒRE VOLŌ ĒSURIŌ ANTŌNIA." Post multās minūtās:

"TACĒ, CRISPĒ!" clāmās. "Pecūniam nōn habēmus! Quōmodo cibum emere possum? Nōn possum. Nūllam pecūniam habeō. Ēsuriō, sed quōmodo vīs mē cibum emere?"

Crispus sedet. Caelum spectat. "Nesciō?" trīstis respondet. Vexāta es. "Crispe. Mē nōn dēlectat ēsurīre.

---

*Tacē: hush!*
*Emere: to buy*

Sed ēsuriō. Tū ēsūrīs. Sed pecūniam nōn habēmus. Fortasse <u>crās</u> pecūniam habēbimus."

Post duās minūtās, Crispus, "...Antōnia, quōmodo crās pecūniam habēbimus?" rogat.

Respondēs, "Ō frāter, <u>aliud cūra</u>. Fortūna fortibus favet."

*Quaere capitulum secundum (2).*

---

*Cras: tomorrow*
*Aliud cūra: don't worry about it*

"Vae, fīat," inquis. "Licet tibi īre ad Forum. Sed bene tē age, Crispe! Nōlī currere, nōlī effugere, nōlī clāmāre!"

Crispus sedet in terrā, dīcēns, "Nōn curram, nōn effugiam, nōn clāmābō." Tum, minimā vōce, "...sed ēsuriō. Et volō tēcum venīre."

"SCIŌ, Crispe!" inquis vexāta. "Vēnī ad Forum. Capiāmus cibum."

"Grātiās, Antōnia! Cibus!" clāmat Crispus, gaudēns. "Habēsne pecūniam?" rogat.

---

*Vae, fīat: bah, okay*
*Bene tē age: behave!*

"Aliud cūra, frāter," respondēs. "Capiāmus cibum."

Hōra septima sēmis (7:30) māne est. Tū et Crispus ad Forum ambulātis. Crispus tē sequitur. Crispus loquitur, sed tū Stabiās spectās. Stabiae pulchrae videntur. Multae vīllae et multae tabernae in viā sunt. Multae vīllae magnae sunt. Tabernae magnae sunt, sed nōn tam magnae quam vīllae. Magnus portus est, ubi multae nāvēs altae sunt. Multī hominēs

in viā currunt.

---

*Aliud cūra: don't worry*

Virī habent togās, et fēminae togās nōn habent. Multī hominēs in urbe Stabiīs multam pecūniam habent. Pecūniam nōn habēs.

Mare vidēs, et placidum vidētur. Caelum hodiē pulchrum est et saevum nōn est. Caelum placidum vidētur.

*Prōgredere ad capitulum septimum (7).*

---

*Placidum: calm*
*Vidētur: it seems*

Pecūniam nōn habēs. Cibus capiendus est.
Tē nōn dēlectat cibum capere. Nōn vīs
frātrem hōc vidēre. Nōn licet frātrī ad
Forum īre.

"Nōn licet <u>sequī</u>," inquis, "Crispe. Quīnque
annōs nātus es et effugere tē dēlectat.
Nōlō tē effugere. Manē hīc et mē
exspectā." Frāter, trīstis, in terrā sedet et
tē spectat.

"Fīat," inquit, "Antōnia. Volō tēcum īre, sed
manēbō hic. Nōn effugiam."

"Grātiās tibi agō," respondēs. "<u>Iam hīc erō</u>."

---

*Sequī: tō follow*
*Iam hīc erō: I'll be back*

Crispus tēcum nōn it. Ad Forum ambulās.

Ambulāns, Stabiās spectās. Stabiae pulchrae sunt. Multae vīllae et multae tabernae in viā sunt. Multae arborēs sunt. Multae vīllae magnae et pulchrae videntur. Multī hominēs in viā currunt. Multī virī togās habent, sed fēminae togās nōn habent. Multī hominēs in urbe Stabiīs multam pecūniam habent. Pecūniam nōn habēs.

Mare vidēs, et placidum est. Caelum hodiē pulchrum est et nōn saevum. Caelum pulchrum vidētur.

Nōn multum post, Forum vidēs, et in Forum intrās. Forum magnum est, et multī mercātōrēs hodiē in Forō sunt.

---

*Mercātor: merchant*

Multī mercātōrēs multa habent.
Mercātōrēs in tabernīs sunt, et mercātōrēs
multa portant.

In mediō Forō, fēmina pulchra cum multīs
servīs ambulat, quī multum cibum portant.
Fortasse fēmina vīllam magnam habet.
Fortasse melius est cibum nōn capere.
Fortasse melius est fēminam sequī et
fēminae vīllam intrāre.

Prōgredere ad capitulum sextum (6).

---

Fortasse: maybe
Mēlius est: it would be better

Subitō, terra tremet! Multōs diēs terra
tremēbat, quam ob rem aliae tabernae
collāpsae sunt. Sed hodiē, terra valdē
tremet. Nescīs dē terrā tremente. Nescīs
cūr terra tremeat. Omnēs nesciunt cūr
terra tremeat, quam ob rem omnēs in Forō
timent. Multī clāmant.

Mōns magnus prope Stabiās est, Vesuvius
nōmine. Vesuvius est Pompēiīs, nōn Stabiīs,
sed prope Stabiās est. Vesuvium spectās.
Vesuvius tremet.

Ē Vesuviō venit nūbēs parva sed <u>vidētur</u>
ātra. Terra tremet, et timēs.

---

vidētur: it seems

Quid agendum est?!

*Sī frāter tēcum est, prōgredere ad*
*capitulum octāvum (8).*
*Sī frāter abest, prōgredere ad capitulum*
*nōnum (9).*

In viā ad Forum, Crispus loquitur et loquitur
et loquitur. Crispum dēlectat loquī. Crispus
dē cibō loquitur et dē viā loquitur, dē Forō
loquitur, et dē monte loquitur.

Mōns magnus prope Stabiās est. Mōns est
Vesuvius nōmine. Vesuvius Pompēiīs est, nōn
Stabiīs, sed mōns magnus est, et hominēs
Stabiīs montem vidēre possunt. Crispus,
"Mōns," inquit, "pulcherrimus est! Mōns
pulchrior est quam tū! Salvē, mōns! Nōmen
montī memoriā teneō! Nōmen montī est
Vesuuuuūvius. Antōnia, nōmen montī
memoriā teneō! Tenēsne memoriā nōmen
montī? Estne nōmen montī Vesuuuuuūvius?
Antōnia?" Tū nōn respondēs. Crispus
loquitur, et tū Crispum ignōrās.

Tū et Crispus Forum intrātis. Ūna fēmina

pulchra et in Forum intrat, cum multīs
servīs.  In Forō, multī mercātōrēs sunt. Aliī
mercātōrēs animālia habent, aliī cibum.
Multī hominēs pecūniam habent, multī
clāmant, multī loquuntur. Quid emere vīs?
Crispus pōmum vult. Crispus clāmat,
"ANTŌNIA! Mālum volō! Mālum magnum
volō! Mala magna mē dēlectant! Parvum
malum nōlō! Mē nōn dēlectant parva mala!"

Vir quī mala habet senex est. Pecūniam nōn
habēs. Fortasse mālum capere poteris, et
senex tē nōn vidēbit? Crispum spectās...

*Prōgredere ad capitulum sextum (6).*

Crispus timet et ad terram cadit, clāmāns. Tū frātrem parvum capis et tenēs. Crispus rogat, "Antōnia, quid agitur?! Quid est hoc? Terra tremet! Cūr terra tremet, Antōnia?! Quid agitur? Deusne īrā afficitur? Mē nōn dēlectat!"

Nescīs cūr terra tremeat. Fortasse deus hodiē īrā afficitur? Timēs. Crispum tenēs et, "Omnia bona, frāter," inquis. "Deī celebrant. Ēsūrīsne?"

"Ēsuriō!" respondet frāter.

Terra tremet, quam ob rem Crispus timet et clāmat, "Nōn ēsuriō! Nōn ēsuriō!"

---

*Quid agitur?: what's going on?*
*Īrā afficitur: he is affected by anger*

Quid agis? Estne melius effugere? Multae urbēs prope Stabiās sunt: Nūceria, Mīsēnum, Herculāneum... Quid est agendum?

*Sī Stabiīs effugere vīs in Nūceriam quaere capitulum decimum (10).*
*Sī Stabiīs effugere vīs in Herculāneum, quaere capitulum tertium-decimum (13).*
*Sī domum revenīs, quaere capitulum ūndecimum (11).*
*Sī malum capis, quaere capitulum duodecimum (12).*

Terra valdē tremet. Timetne Crispus?
Estne Crispus in perīculō? Quōmodo Crispus
sē habet? Nescīs dē frātre.

Lentē omnia spectās. Quid agitur?! Aliī in
Forō clāmant, aliī effugiunt, aliī stant et
nihil agunt. Nōn omnēs timent, sed nōn
omnēs quiētēs sunt. Vīsne fēminam sequī, an
ad frātrem īre? Quid est agendum?

*Sī fēminam sequī vīs, quaere capitulum
quārtum-decimum (14).*
*Sī īre ad frātrem vīs, quaere capitulum
quīntum-decimum (15).*

---

*In perīculō: in danger*

## 10    octāva sēmis (8:30) māne

Terra in urbe Stabiīs tremet, et Crispus
timet. Tū timēs. Melius est effugere.
Melius est effugere in Nūceriam. Nūceria
<u>nōn longē abest</u>. Hominēs quī habitant
Nūceriae semper veniunt Stabiās, quod
portus bonus et maximus est Stabiīs.
Fortasse Nūceriae, hominēs auxilium
<u>dabunt</u> tibi et frātrī.

Via ad Nūceriam prope domum est. Via
magna est, et multī hominēs in viā nōn sunt.
Difficile nōn est ambulāre in viā quod multī
hominēs in viā nōn sunt.

Trēs hōrās, tū et frāter ambulātis. Sed
Crispus parvus est, et fessus est, et nōn
bene currit.

---

*Nōn longē abest: it's not far away*
*Dabunt: they will give*

Crispus fessus est et lentē ambulat. Nūbēs magna super montem est, et nūbēs ātra est. Nūbēs ātrior et ātrior est. Terra tremet et tremet. Terra semper tremet. Timētis.

Fortasse Nūceriae, deus īrā nōn afficitur. Melius <u>erit</u> Nūceriae. Nōn multum tempus restat - exspectāre nōn vīs. Vīvere vīs. Crispum capis. Crispum portās, et curris.

**Fīnis**

---

*Erit: it will be*

"Antōnia?" inquit frāter. "Domum īre volō."

"Fīat," respondēs. "Domum eāmus." Manum Crispī capis, et domum ambulātis.

Domus in viā est prope Forum. Taberna ōlim erat. Sed hodiē, taberna nōn est. Quam ob rem, tū et frāter tuus in tabernā habitātis. Multae vīllae magnae prope domum tuam sunt. Multae vīllae statuās magnās habent, multae vīllae pictūrās pulchrās habent. In ūnā pictūrā est <u>Persēus</u>! Pictūra Perseī est tam alta quam villa! Crispum dēlectat <u>fingere animō</u> sē Persēum esse. Crispum dēlectat fingere animō sē esse tam magnum quam vīlla.

---

*Persēus: the hero who defeated Medusa*
*Fingere animō: to pretend*

Crispum dēlectat fingere animō sē statuam esse. Crispum semper dēlectat multa animō fingere.

Sed nōn hodiē. Hodiē, pictūrās nōn spectātis. Hodiē, statuās nōn spectātis. Hodiē, animīs nōn fingitis. Multae statuae collāpsae sunt.

Hodiē, ānxiī estis. Hodiē terra tremet, et timētis. Tū et Crispus domum intrātis. Tū et Crispus in  tabernā sedētis. Terra valdē tremet.

Columna in tabernā cadit. Columna magna est. Columna in Crispum cadit. Columna Crispum obscūrat.

Crispus, ānxius, clāmat, "ANTŌNIA!

Columna in mē collāpsa est! Quid est agendum? Difficile est spīrāre, Antōnia! Auxilium volō! <u>Auxilium est habendum!</u> Mē nōn dēlectat columna!"

Columna collāpsa in Crispō est. Columnam capis, sed columna magna est. Columna nihil agit. Columna collāpsa nōn movētur. Vīsne auxilium quaerere, an sedēre cum frātre? Quid est agendum?

*Sī cum frātre sedēre vīs, quaere capitulum sextum-decimum (16).*
*Sī auxilium quaerere vīs, quaere capitulum septimum-decimum (17).*

---

*Auxilium est habendum: necesse est habēre auxilium*

Vīs mālum capere. Terra tremet. Senex quī mala habet timet. Senex, clāmāns, effugit. Malum capis et frātrem spectās. "Ecce, Crispe," inquis, "mālum tibi!"

Frāter gaudet, dīcēns, "Antōnia, grātiās! Ēsuriō! Hoc malum est pulcherrimum! Hoc malum est tam pulchrum quam tū!"

"Grātiās," inquis, "Crispe. Ede malum."

"Sed timeō," respondet Crispus. "Cūr terra tremet? Quid agitur?" Crispus in terrā sedet et malum edit.

"Nesciō, Crispe," respondēs, "sed tremet. Vīsne domum īre, an effugere?"

---

*Quid agitur?: what's going on?*

"Antōnia, deusne Vulcānus <u>īrā afficitur</u>?"

"Nesciō, Crispe," respondēs. "Vīsne domum īre, an effugere?"

"Nesciō, Antōnia," inquit Crispus. "Quid est bonum?" Crispus tibi malum offert. "Ecce. Vīsne malum? Ego <u>partem</u> ēdī."

"Mālum nōlō, frāter. Grātiās. Ede malum." Sedētis in terrā et cōgitātīs. Quid est bonum?

*Sī Stabiīs effugere vīs in Nūceriam quaere capitulum decimum (10).*
*Sī Stabiīs effugere vīs in Herculāneum, quaere capitulum tertium-decimum (13).*
*Sī domum revenīs, quaere capitulum ūndecimum (11).*

---

*Īrā afficitur: he is affected by anger*
*Pars (partem): a part*

Terra Stabiīs tremet, et Crispus timet. Tū timēs. Melius est effugere. Melius est effugere Herculāneum. Nūceria <u>nōn longē abest</u>, sed nescīs viam ad Nūceriam. Melius est īre Herculāneum. Tempus restat.

Herculāneum est prope montem. Super montem, nūbēs magna est. Deus Stabiīs īrā afficitur. Fortasse deus Herculāneī īrā nōn afficitur. Fortasse nūbēs bona est.

Tū et frāter multās hōrās in viā ad Herculāneum ambulātis. Herculāneum intrātis.

---

*Nōn longē abest: isn't far away*

Herculāneum pulchrum est. Portus magnus et pulcher est, Forum magnum, et multus cibus bonus, quam ob rem vōs dēlectat Herculāneum.

Crispus clāmat, "Mē dēlectat Herculāneum, Antōnia! Nihil est collāpsum! Licetne nōbīs habitāre Herculāneī?"

"Licet, Crispe," respondēs. "Domus quaerenda est."

Tū et Crispus ambulātis, quaerentēs domum - in tabernā, fortasse, in viā parvā. Crispus gaudet, et tū gaudēs.

Sed nūbēs super montem est ātrior et ātrior, maior et maior. Terra tremet. Saxa ē caelō cadunt. Timēs, et trīstis es. Crispus caelum spectat.

"Antōnia," inquit Crispus, "mē nōn dēlectat Herculāneum. Terra tremet. Saxa parva ē caelō cadunt. Mē nōn dēlectat Herculāneum. Licetne effugere? Effugere volō."

Nōn licet effugere. Effugere vīs, sed nōn potes. Tempus nōn restat.

**Fīnis**

---

*Tempus (non) restat: there is (no) time left*

Fēmina pulchra in forō ambulat. Multī servī cum fēminā sunt. Servī cibum habent, et frāter tuus ēsurit. Cibum habēre vīs, <u>quam ob rem</u> post fēminam ambulās. Fēmina ad vīllam cum servīs ambulat. Villa in quā fēmina habitat est magna et pulchra. Villa in quā fēmina habitat maxima est. Taberna tua nōn est tam magnā quam fēminae vīllā. In vīllam magnam et pulchram fēmina cum servīs ambulat. Fēmina ad <u>alteram</u> iānuam ambulat, servī ad <u>alteram</u> iānuam. Fēmina vīllam intrat. Post fēmina vīllam intrat, servī vīllam intrant.

Vīsne fēminam sequī, an servōs sequī? Quid est agendum?

*Sī fēminam sequī vīs, quaere capitulum duodēvīcēsimum (18).*
*Sī servōs sequī vīs, quaere capitulum ūndēvīcēsimum (19).*

---

*Quam ob rem: because of which thing*
*Altera...altera: one...the other*

## 15    octāva semis (8:30) mane

Fortasse Crispus timet. Fortasse Crispus lacrimat. Fortasse terra tremet et nūbēs magna super montem est et Crispus nōn intellegit. Necesse est īre domum. Crispum vidēre vīs.

Ad viam curris. Cibum nōn habēs, et Crispus ēsurit, et valdē vīs Crispum vidēre. In viā curris, tabernam quaerēns. Nōn multum post, frātrem lacrimantem audīs. Terra tremet, et timēs. "Crispe!!" clāmās. "Omnia bona?!"

Crispus nōn respondet.

"Crispe?!" clāmās. "Quid agitur?!" Tabernam nōn intrās.

Vīsne frātrem vidēre? Vīsne auxilium
quaerere? Quid est agendum?

Sī frātrem vidēre vīs, prōgredere ad
capitulum sextum-decimum (16).
Sī auxilium quaerere vīs, prōgredere ad
capitulum duodēvīcēsimum (17).

Necesse est auxilium habēre. Frāter lacrimat, et columna collāpsa est in frātrem. Fortis nōn es, et nōn potes columnam movēre. Sed quōmodo auxilium ferēs? Quis auxilium dabit? Parentēs nōn sunt. Amīcī nōn sunt. Quōmodo auxilium ferēs? Auxilium ferre nōn potes. Sedēs et Crispum tenēs. Ūnam hōram sedēs, Crispum tenēns.

"Omnia bona, Crispe," inquis ānxia. "Fortūna fortibus favet. Bonō animō estō." Columna nōn movētur. Columna magna est, quam ob rem columna frātrem obscūrat. Multa parva saxa in terrā sunt.

---

*Quis: who*
*Bonō animō estō: be of good spirit*
*Obscūrat: obscures, hides, darkens*

"Fīat, Antōnia," respondet frāter. "Bonō animō sum. Fortis sum. Magnus sum. Timeō."

Terra tremet. Multās hōrās, multa saxa cadunt. Hominēs in viā currentēs clāmant. "Omnia bona, Crispe?" rogās.

Crispus nōn respondet. Crispum spectās. "Crispe?"

Crispus nōn respondet. Crispus semper loquitur, sed nunc nōn loquitur. Crispus nōn vīvit. Crispum tenēs, et trīstis lacrimās.

Multās hōrās, terra tremet. Cinerēs caelum obscūrant. Multa saxa cadunt.

**Fīnis**

Auxilium? Quōmodo auxilium ferēs? Quid
agēs? Currēs?
Clāmābis?
Fēminam
pulchram in Forō
memoriā tenēs.
Fortasse fēmina
pulchra auxilium
tibi dare potest.

Discēdis et fēminam quaeris. Fēmina prope
Forum habitat. Ad Forum curris. Nōn
multum post, fēminam ad vīllam suam
ambulantem vidēs.

*Prōgredere ad capitulum duodēvīcēsimum
(18).*

Fēminam sequīris. Fēmina pulchra est, et
<u>vidētur</u> bona. Fēmina ad iānuam vīllae
ambulat. Multae columnae prope iānuam
sunt. Vīlla pulchra est. Fēmina prope vīllam
stat.

"Domina," inquis, "auxilium est habendum.
Frāter parvus mihi est, et nihil habeō. Tū
multum habēs. Auxilium est habendum.
Pōtēsne mihi auxilium dare?"

Fēmina tē spectat. "Salve, parva amīca.
Nōmen mihi est Rectīna. Pecūniam habeō.
Vīsne auxilium mihi dare? Epistulam amīcō
habeō. Amīcus mihi Gāius Plīnius nōmine est.
Epistulam <u>mittere</u> volō sed nōn possum.

---

*vidētur: she seems*
*mittere: to send*

Fer epistulam, et pecūniam tibi dabō."

"Epistulam ferre possum. Ubi est Gāius Plīnius?" rogās.

"Gāius Plīnius," inquit fēmina, "Mīsēnī est. Mīsēnum urbs est prope Pompēiōs. Timeō, quod nūbēs magna super montem est, et timeō quod terra tremet. Plīnius fortis est, et <u>mīles</u> et <u>nauta</u> bonus. Fer ad Plīnium, amīcum meum, epistulam."

---

*mīles: a soldier*
*nauta: a sailor*

Vīsne īre ad frātrem, an ferre epistulam ad Plīnium? Quid est agendum? Quid est melius?

*Sī ad frātrem īs et epistulam nōn fers, quaere capitulum vīcēsimum (20).*
*Sī epistulam ad Plīnium fers, quaere capitulum vīcēsimum-prīmum (21).*

Quod servī cibum ferunt, servōs sequī vīs.
Omnēs servī ad ūnam iānuam ambulant. Tu
post servōs ambulās. Multī servī per iānuam
ambulant et vīllam intrant. Manum extendis,
quod pōma capere vīs, sed servus tē manum
extendentem videt.

"Vah!" inquit servus. "Nōn licet hoc agere!
Nōlī capere pōma mea! Quid agis, <u>fūr</u>?!"

"<u>Dā veniam</u>," inquis. "Frāter meus ēsurit.
Cibus est habendus, quod frāter ēsurit, sed
pecūniam nōn habeō. Licetne mihi ūnum
mālum habēre?"

---

*Fūr: thief*
*Dā veniam: forgive me*

Servus cōgitat. "Fīat. Tibi ūnum malum dabō, sed mihi auxilium dandum est ā tē."

"Quōmodo auxilium dare possum?" respondēs.

"Domina mea est Rectīna. Dominā Rectīnā mihi epistulam dedit. Domina Rectīna timet, quod terra tremet, et nūbēs magna super montem est. Amīcus Dominae Rectīnae est vir nōmine Gāius Plīnius. Gāius Plīnius mīles et nauta bonus est. Plīnius Mīsēnī est. Domina Rectīna vult Plīnium ferre auxilium. Dominā epistulam mittere vult. Sed timeō, quam ob rem epistulam ferre nōlō. Tibi malum dabō, sed epistula ad Plīnium tibi ferenda est. Pōtēsne?"

_____

*Mīles: a soldier*
*Nauta: a sailor*

Cōgitās. Pōtēsne epistulam ad Plīnium ferre? Fortasse melius est epistulam ad Plīnium ferre. Montem timēs, et Mīsēnum nōn est prope montem...sed quid dē frātre?! Vīsne frātrem quaerere, an epistulam mittere? Quid est agendum?

*Sī frātrem quaeris, quaere capitulum vīcēsimum (20).*
*Sī epistulam mittere vīs, quaere capitulum vīcēsimum-tertium (23).*

Auxilium habēre vīs, sed <u>māvīs</u> īre ad frātrem. Sī epistulam fers, nōn potes īre ad frātrem. Quam ob rem, "<u>Benigne</u>," inquis. "Epistulam ferre nōn possum. Volō īre ad frātrem."

Discēdis ā Rectīnae vīlla, et nunc domum ambulās. Nōn multum post, tabernae appropinquās in quā tū et Crispus habitātis. Terra tremet, et timēs. "Crispe!" clāmās. "Omnia bona?!"

Crispus nōn respondet.

*prōgredere ad* **capitulum sextum-decimum** *(16).*

---

*Māvīs: you prefer*
*Benigne: an idiomatic way of saying 'no thank you' (literally: nicely)*

Epistulam ferre vīs. "Epistulam ferre
possum. Ubi est epistula?" tū Rectīnam
rogās.

"Epistula est mihi scrībenda," Rectīna
respondet. "Vēnī in vīllam meam, puella."

Tū et Rectīna in vīllam venītis, et Rectīna
clāmat, "Vindex!"

Vindex servus est. Vindex servus est quī
epistulās scrībat. "Vindex! Epistula est mihi
scrībenda. Venī, puer!"

Servus Rectīnae venit.
Servus, tū, et Rectina
tablīnum intrātis, et
servus <u>cēram</u> capit.

---

Cēra: a wax tablet used for writing

Rectīna dīcit:

Rectīna Plīniō nautae et mīlitī bonō suō spd:

Amīce, timeō. Terra tremet, et nūbēs magna super montem stat. Difficile est nōn timēre. Difficile est exspectāre. Nāvem magnam habēs, et nauta bonus es. Venī Stabiās et auxilium fer. Servā nōs.

SBVEEV,
Rectīna Pomponiānī

*Prōgredere ad capitulum vīcēsimum-secundum (22).*

---

*Rectīnā Plīniō nautae et mīlitī bonō suō spd: this is a common salutation in letters. SPD stands for salūtem plūrimam dīcit - says much health."Rectīna sends much health to her Pliny, the good soldier and sailor."*

*SBVEEV: sī bene valēs ego etiam valeō. If you are well, so am I.*

Vindex epistulam scrībit. "Vīsne mē ferre epistulam?" rogat Vindex.

"Epistula nōn est tibi ferenda. Haec puella potest epistulam ferre," Rectīna inquit. "Dēs epistulam puellae."

Vindex vexātus est, quod Vindex vult epistulam ferre. Sed Vindex nōn dīcit sē vexātum esse, et tibi epistulam dat.

"Haec epistula <u>magnī mōmentī</u> est, puella," Rectīna inquit. "Timeō, et in perīculō sumus. Curre. <u>Quaesō</u> curre. Nōlī exspectāre. Nōn <u>tam</u> multum tempus restat."

---

*Magnī mōmentī: of great importance*
*Quaesō: please*
*Tam: so*

"Curram," respondēs. "Mīsēnum curram."
Rectīnā tibi quattuor <u>sēstertiōs</u> dat et,
"Fortūna fortibus favet," inquit, "puella.
Curre."

Quattuor sesterii?! Curris.

*Prōgredere ad **capitulum** vīcēsimum-tertium
(23).*

---

*Sēstertius: A sestertius is an ancient
Roman coin. At this time in history, it is a
large, brass coin. It's difficult to draw
comparisons with modern prices, but an as
is a sixteenth of a sestertius, and a
sestertius is a quarter of a denarius. Four
sestertii is not a bad offer at all - a soldier
around this time gets paid about 3 denārii a
day.*

Ad portum curris cum epistulā. In portū, multae nāvēs sunt. Aliae nāvēs altae sunt, aliae nāvēs magnae sunt, aliae nāvēs parvae sunt. Aliae nāvēs cibōs portant, et aliae nāvēs servōs portant. Mercātōrēs nāvēs habent, sed mercātōrēs in nāvibus nōn labōrant. Servī in nāvibus labōrant. Multī nautae servī sunt.

Tū magnam nāvem vidēs. Ad nāvem curris. Servus magnus in nāve stat. Servus nauarchus est.

"Salvē!" tū servō inquis. "Quō haec nāvis it?"

---

Nauarchus: captain
Quō: to where

"Mīsēnum," respondet servus. "Quō īre vīs?"

"Mīsēnum īre volō! Licetne mihi hodiē nāvem ascendere?" rogās.

"Habēsne pecūniam?" respondet servus.

"Pecūniam habeō," respondēs. "Quantam pecūniam vīs?"

"Quattuor (4) sēstertiōs volō."

"Quattuor sesterīōs nōn habeō," inquis.

Quanta: how much?

"Duōs (2) sēstertiōs offerō."

"Quattuor," respondet nauarchus servus,
"sēstertiōs volō."
Terra valdē tremet. Servus nauarchus
timet. Servus nauarchus effugere vult.

"Fīat. Dēs mihi duōs sēstertiōs, et licet tibi
ascendere nāvem." Duōs sestēriōs extrahis,
et sestēriōs servō dās.

"Trīgintā (30) minūtīs nāvis discēdet,
puella," inquit servus.

"Nōmen mihi Antōnia est," respondēs.

"Floccī nōn faciō, puella. Trīgintā minūtīs
nāvis discēdet."

---

*Floccī nōn faciō: I don't care*

"Fīat," respondēs.

Nāvis discēdet trīgintā minūtīs, et pecūniam habēs. Frāter tē exspectat. Sī ascenderīs nāvem, nōn poteris īre ad frātrem.

Terra valdē tremet. Fortasse frāter timet. Frāter volet auxilium. Quod terra valdē tremet, necesse erit frātrī effugere, sed frāter nōn potest effugere, quod parvus est.

Fortasse melius est auxilium quaerere et mittere auxilium ad frātrem. Fortasse melius est nāvem ascendere et auxilium nōn quaerere.

Quid est agendum? Vīsne auxilium quaerere, an nāvem ascendere? Exspectāre nōn potes - multum tempus nōn restat.

*Sī auxilium frātrī quaeris, quaere capitulum vīcēsimum-quārtum (24).*
*Sī nāvem ascendēs, quaere capitulum vīcēsimum-quīntum (25).*

## 24    decima (10) manē

Nāvis discēdet trīgintā minūtīs. <u>Auxilium ad frātrem ferendum est</u>. <u>Quis</u> auxilium dare potest? Exspectāre nōn potes - multum tempus nōn restat. Ad viam curris, quaerēns. Taberna in viā est...multae vīllae in viā sunt...

Ecce! <u>Mīles</u> in viā est! Fortasse mīles auxilium dare potest!

Ad mīlitem curris, manūs extendēns et clāmāns, "Mīles! Mīles! Auxilium ferendum est!"

---

*Auxilium est ferendum: necesse est ferre auxilium*
*Quis: who*
*Mīles: a soldier*

In viā curris, auxilium quaerēns.
"Auxilium dare nōn possum," inquit mīles, et
mīles vexātus discēdit.

Senex in viā est.

"Senex!" clāmās. "Senex, salvē! Senex,
auxilium habendum est!"

Senex, "Senex sum," inquit, "et auxilium
dare nōn possum."

"Frāter meus auxilium vult!" clāmās. "Quis
auxilium dare potest?!"

Subitō, vir, "Puella," inquit, "estne auxilium
habendum? Quōmodo auxilium dare
possum?"

Virum spectās. Nauta est.

"Salve, nauta!" inquis. "Māter et pater mihi nōn sunt. Frāter mihi est, nōmine Crispus. Crispus in tabernā est. Terra valdē tremet, et timeō. Crispus timet. Crispus auxilium vult. Trīgintā minūtās, in nāve Mīsēnum ībō. Nōn possum īre ad frātrem. Potesne tū īre ad frātrem? Potesne auxilium ferre ad frātrem?"

"Salve, puella," respondet nauta. "Vīs mē ferre auxilium ad frātrem?"

"Volō!" respondēs. Nauta cōgitat et cōgitat.

"Quot annōs frāter nātus est? Estne frāter parvus? " rogat nauta.

"Quīnque (5) annōs frāter nātus est," respondēs. "Potesne auxilium ad frātrem ferre?!"

_____

*Nātus est: he was born*

Nauta cōgitat. Nōn multum post, nauta, "Fīat. Possum īre ad frātrem," inquit, "sed mihi est discēdendum in nāve. Terra valdē tremet, et timeō, et Stabiās effugiō. Frāter ferendus est in nāve meā. Licetne frātrī effugere mēcum in nāve meā?"

Cōgitās. Licetne? Crēdisne nautae? Fortasse melius est nōn crēdere nautae...sed quid dē frātre?! Vīsne nautae crēdere an nōn? Quid est agendum?

*Sī nautae crēdis, et sī licet frātrī īre in nāve nautae, quaere capitulum ūndētrīcēsimum (30).*
*Sī nautae nōn crēdis, et sī nōn licet frātrī īre in nāve nautae, quaere capitulum vīcēsimum-sextum (26).*

## 25    decima cum vīgintī minūtīs (10:20) manē

Nāvem quae est in portū ascendis. Multī hominēs nāvem ascendunt. Rōmānī nāvem ascendunt, Pompēiānī nāvem ascendunt, Stabiānī nāvem ascendunt, et aliī nāvem ascendunt. Frātrem quaeris, sed memoriā tenēs: frāter tēcum nōn est.

In nāve, fēmina stat quae nōn habet servōs, et nōn habet familiam. Ad fēminam ambulās.

"Salvē!" inquis. "Quid nōmen tibi est?"

Fēmina respondet, "Nōmen mihi est Iūlia. Quid nōmen tibi est?"

"Nōmen mihi," inquis, "Antōnia est. Frāter mihi est Crispus nōmine, sed Crispus nāvem nōn ascendit. Fēmina nōmine Rectīna mē Mīsēnum mīsit. Rectīna vult mē epistulam ferre. Epistula est Plīniō. Plīnius amīcus Rectīnae est."

"Estne Rectīna māter tua? Ubi sunt māter et pater? Suntne māter et pater tēcum? Suntne māter et pater Mīsēnī?" rogat Iūlia.

"Māter et pater Mīsēnī nōn sunt, et mēcum nōn sunt," inquis. "Māter et pater nōn vīvunt. Māter et pater mortuī sunt. Ubi est familia tua? Estne familia tua tēcum?"

"Prōh dolor! Familia mea Herculāneī est," respondet Iūlia. "Māter et pater meī vīvunt. Māter et pater Herculāneī sunt."

---

*Prōh dolor: how sad*

"Familia tua," inquis, "Herculāneī est. Cūr Mīsēnum īs et nōn Herculāneum?" rogās.

Iūlia respondet sē ānxiam esse dē Herculāneō, quod Herculāneum prope Stabiās est. "Nōlō esse Stabiīs, quod Stabiīs terra tremet. Nōlō esse Herculāneī, quod Herculāneum prope Stabiās est. Nūbēs magna in caelō est," inquit, "et terra valdē tremet. Terra semper tremet. Herculāneum prope montem est, et nūbēs magna super montem est. Nōn possum īre Herculāneum. Fortasse deus īrā afficitur Herculāneī. Fortasse deus quī habitat Mīsēnī īra nōn afficitur."

Cōgitās. "Fortasse," inquis, "deus quī est Mīsēnī īra nōn afficitur. Deī nōn semper īrā afficiuntur. Sed nesciō."

---

*Īrā afficitur: he is affected by anger*

Ānxia es.

Servus clāmat hoc: "Nāvis discēdit! Hōra
decima sēmis est! Nāvis nunc discēdit!"

Ānxia es. Nōn potes īre ad frātrem nunc.
Nāvis discēdit. Mīsēnum is!

*Progēdēre ad capitulum duodētrīcēsimum
(28).*

Crēdisne nautae? Estne nauta bonus? Estne bonum frātrī īre in nāve nautae? Fortasse nauta Mīsēnum nōn ībit. Fortasse nauta malus est.

"Auxilium ferendum est, sed..." inquis.

"Auxilium feram. Pecūnia mihi habenda est. Dēs mihi pecūniam." Nauta pecūniam tuam spectat. Nauta malus est. Nautae nōn crēdis.

"Tibi nōn crēdō," inquis. "Tibi nōn necesse est īre ad frātrem. Pecūniam nōn dō. Sed grātiās."

"Nōn est necesse?" nauta inquit. "Sed auxilium habendum est. Clāmāvistī. Clāmāvistī hoc: 'Auxilium ferendum est!

Frāter auxilium vult!'"

"Auxilium est ferendum," respondēs, "sed tibi nōn crēdō."

"Auxilium ferendum est! Frātrem quaerō!" clāmat nauta. Nauta pecūniam tuam capit et effugit.

Hōra decima cum vīgintī minūtīs (10:20) māne est. Nāvis quae in portū est decem minūtīs discēdet. Quid est agendum?! Vīs nautam sequī.

*Prōgredere ad capitulum trīcēsimum-prīmum (31).*

**27**  duodecima hōra sēmis (12:30) post merīdiem

Nāvis Mīsēnum venit. Nāvis Mīsēnī portum intrat. Servus clāmat, "DĒSCENDITE NĀVEM! NĀVIS MĪSĒNUM VENIT! DĒSCENDITE NĀVEM!"

Dēscendis nāvem. Iūliam nōn vidēs.

Mīsēnum urbs pulchra est. Multae arborēs pulchrae sunt. Urbs portum magnum habet. Urbs theātrum magnum et pulchrum habet, et multās vīllās magnās et pulchrās.

Nescīs ubi Plīnius sit. Ubi est Plīnius? Quōmodo Plīnium quaerēs?

---

*Theātrum: theater*

Multī hominēs in viā sunt. Ūnus homō prope
arborem maximam stat. Ambulās ad
hominem quī prope
arborem stat. Homō
est vir pulcher et
nōn senex. "Salve,"
inquis, "nōmen mihi
Antōnia est. Gāium
Plīnium quaerō. Ubi
est Gāius Plīnius?"

Vir, "Gāius Plīnius sum," respondet. "Quid
vīs?"

Prōgredere ad capitulum trīcēsimum-
secundum (32).

Tū et Iūlia in nāve stātis, aquam spectantēs.

Iūlia prō familiā timet, quod familia est Herculāneī. Iūlia nescit quid agātur Herculāneī. Tū prō frātre timēs, quod nescīs quid agātur Stabiīs. Nescīs ubi frāter <u>sit</u>. Tū et Iūlia prō familiīs timētis.

"Caelum," Iūlia inquit, "pulchrum erat, sed nunc nōn est <u>tam</u> pulchrum. Nūbēs maximae caelum obscūrant. Nūbēs magnae sunt, et nōn pulchrae."

---

Sit: est

Tam: so

"Pulchrae nōn sunt," inquis. "Timeō, quod nūbēs tam obscūrae sunt. Aqua erat placida, sed nunc, aqua nōn tam placida est."

Iūlia manum tuam capit. Multae nāvēs in aquā sunt.
Aqua placida nōn est. Nāvis lentē in aquā movētur. Terra tremet, et

aqua tremet. Iūlia timet. Tū timēs.

*Iūlia tē nōn dēlectat. Sī cum Iūlia loquī nōn vīs, quaere capitulum vīcēsimum-septimum (27).*
*Iūlia tē dēlectat. Sī cum Iūlia loquī vīs, quaere capitulum ūndētrīcēsimum (29).*

**29  duodecimā hōrā cum quadrante (12:15) post merīdiem**

Iūliā tē dēlectat. Cum Iūlia loquī vīs.

"Volō audīre dē familiā tuā," inquis. "Cūr Mīsēnum is?"

Iūlia gaudet et, "Māter et pater," inquit, "Herculāneī sunt. Herculāneum prope Montem Vesuvium est. Sed frāter meus Mīsēnī exspectat mē. Frāter meus trīgintā (30) annōs <u>nātus est</u>. Frāter meus mīles est. Ad frātrem eō. Nūbēs magna super montem est, et terra tremet. Montem timeō. Fortasse terra nōn tremet Mīsēnī. Mīsēnum prope Montem Vesuvium nōn est."

---

*Nātus est: he was born*

Iūlia multum loquitur. Iūlia frātrem dēscrībit et familiam dēscrībit. Iūlia rogat, "Estne familia tua Mīsēnī?"

"Familia mea nōn est Mīsēnī," respondēs. "Māter et pater mihi mortuī sunt. Frāter meus est Stabiīs. Frāter quīnque annōs nātus est. Nōmen eī est Crispus."

Nāvis Mīsēnum venit. Iūlia tē rogat, "Antōnia, familia tua nōn est Mīsēnī. Frāter tuus nōn est Mīsēnī. Vīsne īre ad frātrem meum?"

Vīsne īre ad frātrem Iūliae? Fortasse melius est īre ad Plīnium et tum īre Stabiās. Potesne īre Stabiās? Fortasse melius est īre ad Iūliae frātrem... Vīsne īre cum Iūliā, an nōn? Quid est agendum?!

*Sī vīs īre cum Iūliā, quaere capitulum trīcēsimum-tertium (33).*
*Sī nōn vīs īre cum Iūliā, quaere capitulum vīcēsimum-septimum (27).*

**30    decima hōra cum vīgintī minūtīs (10:20) ante merīdiem**

Licetne frātrī īre in nāve cum nautā? Crēdisne nautae? Nescīs dē nautā.

Sed auxilium ferendum est. Frāter auxilium vult.

"Licet," inquis. "Licet frātrī īre in nāve. Licet frātrī īre tēcum. Grātiās, nauta! Mīsēnum eō!"

"Puella!" clāmat nauta. "Puella! Eō ad..."

Sed nōn audīs. Ad nāvem discessistī.

*Prōgredere ad capitulum vīcēsimum-quīntum (25).*

## 31    decima hōra cum vīgintī minūtīs (10:20) ante merīdiem

"Nauta!" clāmās. "NAUTA!" In viā curris et nautam sequīris. Nauta pecūniam tuam habet! Frātrem tuum quaerit! Estne nauta malus? Bonus? Nescīs!

Nauta nōn audit. Nauta currit. Ad frātrem tuum currit.

Multī hominēs in viā sunt, sed nautam nōn vidēs.

Post multās minūtās, tabernam vidēs. Frāter in tabernā est! Sed nauta...ubi est nauta? Nauta in viā nōn est. Fortasse nauta effugit.

Sed frāter in tabernā est. Et columna super frātrem est. Et frāter lacrimat.

Omnia tam mala sunt. Frāter tē videt. "Antōnia!" clāmat frāter. "Habēsne auxilium?!"

Auxilium nōn habēs. Sed exspectāre nōn potes. Tempus nōn restat.

In tabernam is.

*Prōgredere ad capitulum sextum-decimum (16).*

## 32    Duodecima hōra cum dōdrante (12:45) post merīdiem

"Gāius Plīnius es?!" clāmās. "Ō bonum! Esne nauta? Esne mīles? Epistulam tibi habeō! Epistulam portāvī Mīsēnum! Epistula est dē amīcā tuā, Rectīna!"

"Āh," respondet Gāius Plīnius. "Rectīna amīca mea nōn est. Nauta nōn sum, et mīles nōn sum. Nōmen mihi est Gāius Plīnius Minor. Gāius Plīnius Maior nauta et mīles est. Gāius Plīnius Maior senex est."

"Quis est Gāius Plīnius Maior?!" rogās. "Gāium Plīnium Maiōrem quaerō. Senem quaerō. Epistulam Plīniō habeō."

"Māter mea," inquit vir, "est Plīnia Marcella nōmine. Plīniae Marcellae frāter est Gāius Plīnius."

"Gāius Plīnius est frāter mātris tuae?"
rogās.

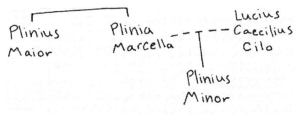

"Est," respondet Gāius Plīnius Minor, manum
extendēns et dēmōnstrāns vīllam suam.
"Gāius Plīnius est in vīllā meā. Vīsne venīre
ad vīllam meam? Fer epistulam tuam
tēcum."

Vīsne īre cum Plīniō, an īre Stabiās? Quid
est agendum?

*Sī īre ad Plīniī vīllam vīs, quaere capitulum*
*trīcēsimum-quārtum (34).*
*Sī vīs epistulam Plīniō Minōrī dare et*
*revēnīre Stabiās, quaere capitulum*
*ūndēsexāgēsimum (59).*

**33**    duodecimā hōrā cum quadrante (12:15) post merīdiem

Vīs īre cum Iūliā. "Volō īre ad frātrem tuum," inquis.

"Ō bonum! Gaudeō, quod tū mē dēlectās," respondet Iūlia gaudēns.

Nōn multum post, spectātis Mīsēnum. Nāvis Misenēnum venit. Servus clāmat, "DĒSCENDITE NĀVEM! NĀVIS MISENĒNUM VENIT! DĒSCENDITE NĀVEM!"

Dēscendis nāvem. Iūlia prope tē stat.

Mīsēnum urbs pulchra est. Multae arborēs maximae et pulchrae sunt.

Urbs portum magnum habet, et prope aquam est. Urbs _theātrum_ magnum et pulchrum habet, et multās vīllās magnās et pulchrās.

Vīlla frātris Iūliae nōn longē abest ā nāve. Tū et Iūlia ītis ad frātrem. Ambulāns, epistulam nōn portās. Relinquis epistulam in viā.

Epistulam floccī nōn facis, quod nōn īs ad Plīnium.

Iūliae familia bona est et tē dēlectat. Familia cibum dat. Et dē frātre...fortasse mortuus est, fortasse mortuus nōn est. Trīstis es, sed nōn vīs īre Stabiās. Vīvis, sed dē frātre...nescīs.

**Fīnis**

---

_Theātrum: theater_

## 34   prīma hōra (1:00) post merīdiem

Vīs īre ad Plīniī vīllam. Vīs loquī cum Plīniō
Maiōre.

"Volō īre," inquis, "ad vīllam tuam. et volō
loquī cum Plīniō Maiōre, quī est frāter
mātris tuae. Volō loquī cum frātre mātris
tuae. Feram epistulam meam." Tū et Plīnius
ad vīllam ambulātis. Vīlla maxima et pulchra
est.

Tū et Plīnius Minor in vīllā statīs,
spectantēs. Vir magnus in vīllā currit et tē
nōn videt. Virum timēs, quod vir clāmat.

Vir magnus currēns clāmat, "Plīnia Marcella!
Soror! Spectā nūbem! Ō, magna nūbēs super
montem est! Nūbēs est maxima et obscūra!
Nūbēs vidētur arbor, sed arbor nōn est tam
alta quam nūbēs! Plīnia Marcella!"

Plīnia Marcella, Plīniī Minōris māter, stat et nōn spectat nūbem. Plīnia Marcella vexāta est. "Plīnī. Frāter. Mē vexās. Nūbem <u>floccī nōn faciō</u>. Cibum magnī faciō. Plīnium Minōrem magnī faciō. Familiam magnī faciō. Nūbem floccī nōn faciō. Quid vīs?"

"Ō," inquit Plīnius Maior, "sed spectā nūbem! Volō spectāre nūbem! Nūbēs vidētur arbor! Volō īre ad montem et in monte ambulāre et nūbem spectāre! Nūbēs est tam magna et tam magnifica! Terra tremet, et mare nōn est placidum, et magnum perīculum est!"

"Plīnī," lentē respondet Plīnia Marcella, "magnum perīculum malum est. Mare placidum nōn vidētur, et magnum perīculum est. Nōlī īre in monte. Nōlī spectāre nūbem."

---

*Floccī nōn faciō: I don't care*

"Ad montem eō!" inquit Plīnius. "Ad montem eō, et nūbem spectō!" Plīnius cibum capit et cēram quaerit.

"PLĪNIA!" clāmat Plīnius. "UBI EST CĒRA MEA?!"

"Cēram tuam nōn habeō. Fortasse cēra est in monte," Plīnia Marcella respondet, vexāta. Plīnius cibum capit, quaerēns cēram.

"Cēra, cēra, cēra..." Plīnius currit in domō, quaerēns cēram.

"Plīnī!" clāmat Plīnius Minor. Plīnius Maior subitō stat. Plīnius Maior senex est, sed nōn difficile stat. Nōn difficile ambulat.

---

*Cēra: a wax tablet used for writing*
*Vexāta: annoyed*

"Plīnī Minor!" Plīnius Maior ad Plīnium Minōrem ambulat. "Nūbēs magna et magnifica super montem est! Mare placidum nōn est! Terra tremet, quam ob rem perīculum magnum est! Vīsne īre ad montem et spectāre nūbem?! Nūbēs vidētur arbor! Sed ubi est cēra mea?"

"...nōlō," respondet Plīnius Minor, "īre ad montem. Mihi scrībendum est. Multum mihi scrībendum est - dē arboribus, dē animālibus, dē nātūrā...
Tū dīxistī, "Ō Plīnī Minor, multum est tibi scrībendum!' Et cēram tuam nōn habeō. Sed ecce puella! Puella cēram habet!"

Plīnius Maior tē spectat. "Cēram meam habēs, puella?! Et quis es?"

---

*Quis: who*

Vīsne epistulam Plīniō dare, an effugere?
Plīnium timēs, quod Plīnius magnus est et
clāmat. Fortasse melius est effugere ad
nāvem. Quid est agendum?

*Sī effugere vīs, quaere capitulum*
*trīcēsimum-quīntum (35).*
*Sī epistulam Plīniō dare vīs, quaere*
*capitulum trīcēsimum-sextum (36).*

**35** **prīmā hōrā cum quadrante (1:15) post merīdiem**

"Nōlō epistulam dare," inquis. "Plīnium timeō. Volō īre nunc ad nāvem." Ad iānuam is.

Subitō, sonus magnus est: "<u>TONITRUS</u>!!", et terra valdē tremet. Ad terram cadis, clāmāns.

"QUID AGITUR?" clāmās. Plīnius Minor, Plīnius Maior, et Plīna Marcella in terram cadunt.

"Nesciō," Plīnia Marcella respondet, timēns. Plīnius Maior ad iānuam currit.

---

*Tonitrus: a boom, a thundering*

"Plīnī Minor!" Plīnius Maior clāmat, manūs extendēs ad fenestram. "Ecce nūbēs! Nūbēs maxima est, et <u>vidētur</u> arbor ātra! Cinerēs ē caelō cadunt! Caelum placidum nōn est! Volō nūbem arboream spectāre. Vīsne īre ad nūbem?"

Plīnius Minor stat. "Plīnī, puella tē timet. Puella effugere vult. Nōlī clāmāre."

Plīnius Minor tē in terrā spectat. "Nōlī timēre. Plīnius Maior nōn est malus. Clāmat, sed nōn est malus. Dā epistulam. Volō epistulam vidēre."

---

*Vidētur: it looks like, seems*

Timēns, "Cēram *tuam* nōn habeō," inquis,
"sed cēram habeō. Ecce, epistula." Manum
extendis
et dās
epistulam
Plīniō.

Plīnius epistulam spectat, et subitō clāmat,
"Nōlō īre ad montem! Stabiās eō! Amīca
mea, Rectīna, mē vult! Rectīna est in
perīculō magnō! Puella! Venī!"

Et Plīnius ad iānuam currit.

Plīnia Marcella tē spectat et, "Parva amīca,"
inquit, "dā veniam prō frātre meō. Perīculum
eum dēlectat. Sed valdē perīculōsum est
Stabiīs. Nōn necesse est īre Stabiās, sī nōn
vīs. Licet habitāre in vīllā meā, cum familia

mea, Mīsēnī, sī vīs. Vīsne?"

Vīsne īre Stabiās cum Plīniō? Plīnium timēs,
et Plīnius vult īre ad montem. Nōn vīs īre ad
montem. Sed frāter est Stabiīs... Fortasse
melius est īre Stabiās. Fortasse melius est
habitāre Mīsēnī. Quid est agendum?

*Sī vīs īre cum Plīniō, quaere capitulum
trīcēsimum-septimum (37).*
*Sī vīs habitāre Mīsēnī, quaere capitulum
duodequadrigesimum (38).*

"Cēram habeō," inquis. "Cēram tuam nōn habeō, sed cēram habeō. Est epistula. Epistulam habeō. Fēmina nōmine Rectīna hodiē scrīpsit."

"Rectīna?!" clāmat Plīnius. "Quōmodo--"

Subitō, sonus magnus est: "<u>TONITRUS</u>!!", et terra valdē tremet. Ad terram cadis, clāmāns.

"QUID AGITUR?" clāmās. Plīnius Minor, Plīnius Maior, et Plīna Marcella in terram cadunt.

"Nesciō," Plīnia Marcella respondet, timēns. Plīnius Maior <u>surgit</u>, ad iānuam currēns.

---

*Tonitrus: a boom, a thundering*
*Surgit: he gets up*

"Plīnī Minor!" Plīnius Maior murmurat. "Ecce nūbēs! Nūbēs maxima est, et vidētur arbor ātra! Cinerēs ē nūbe cadunt! Volō nūbem arboream spectāre. Vīsne īre ad nūbem?"

Plīnius Minor stat. "Nōlō īre ad montem. Mihi scrībendum est. Sed puella epistulam tibi habet, Plīnī."

Plīnius Maior tē in terrā spectat. "Vēnī, puella. Dēs epistulam mihi."

Surgis, et epistulam Plīniō Maiōrī dās.

Plīnius Maior epistulam spectat, et subitō clāmat, "Nōlō īre ad montem! Stabiās eō! Amīca mea, Rectīna, mē vult! Rectīna est in perīculō magnō! Puella! Venī! Exspectāre nōn possumus!"

Et Plīnius ad iānuam currit.

Sī vīs īre cum Plīniō, quaere capitulum
trīcēsimum-septimum (37).
Sī vīs habitāre Mīsēnī, quaere capitulum
duodequadrigesimum (38).

## 37 prīma hōra sēmis (1:30) post merīdiem

"Fortūna," inquis, "fortibus favet. Tēcum eō Stabiās, Plīnī. Volō īre. Quōmodo īmus?"

"FORTŪNA FORTIBUS FAVET!" clāmat Plīnius. "Nāvem habeō! Senex sum, sed fortis sum! Mīles et nauta bonus sum! Ad portum!" Plīnius, hoc clāmāns, ē vīllā currit. Nescīs quid agendum sit, sed curris cum Plīniō ad portum et nāvem.

In portū, Plīnius manum extendit, dēmōnstrat magnam nāvem et, "Haec nāvis," inquit, "mea est. Magna et bona et pulchra est! Venī ad nāvem! Necesse est īre in nāve. Rectīna mē vult. Rectīna in perīculō est! Ī in nāvem, puella!"

Nāvem ascendis. Mare spectās. Mare nōn

est placidum. Mare est saevum et ātrum.
Caelum nōn est placidum. Caelum est
saevum et ātrum. In caelō, multae nūbēs
sunt, et ūna maxima nūbēs arborea super
montem est.

Caelum timēs. Mare timēs. Sed Plīnius stat
in nāve et clāmat, et revēniendum est
Stabiās. Stabiās revenīs. Quid Stabiīs
sit...nescīs.

*Prōgredere ad capitulum*
*undequadrigēsimum (39).*

---

*saevum: savage*
*sit: est*

## 38  prīma hōra sēmis (1:30) post merīdiem

Plīnius vult īre Stabiās, et vult tē īre
Stabiās. Sed tū nōn vīs īre Stabiās. Mīsēnī
nōn perīculōsum, sed Stabiīs
perīculōsissimum est. Vīs Mīsēnī habitēs.
Plīnia Marcella offert vīllam suam, sed nōn
vīs habitāre in vīllā cum Plīnia Marcella.
Tōtam familiam Plīniī timēs. Sed habitāre
Mīsēnī vīs.

"Benigne," respondēs. "Nōlō in hāc vīllā
habitāre. Sed volō Mīsēnī habitāre. Domum
quaeram." Plīnia Marcella tēcum ad iānuam
ambulat et manum ad viam extendit.
"Multae domūs bonae hīc sunt. Fortūna
fortibus favet, puella."

---

*Benigne: an idiomatic way of saying 'no
thank you' (literally: nicely)*

Domum quaeris. In viā ambulās, domum quaerēns. Ubi est Forum Mīsēnī? Ubi habitāre potes? Stabiīs, habitābās in tabernā. Fortasse est taberna Mīsēnī. Quaeris tabernam.

Subitō in viā, virum vidēs. Est nauta.

<u>Memoriāne tenēs</u> nautam? <u>Quis</u> est hic vir? Quis est hic nauta?

---

*Memoriāne tenēs: do you remember?*
*Quis: who*

Memoriāne tenēs nautam ex Stabiīs?

*Sī memoriā tenēs nautam ex Stabiīs,*
*prōgredere ad capitulum*
*ūndēquīnquāgēsimum (49).*
*Sī memoriā nōn tenēs nautam ex Stabiīs,*
*prōgredere ad capitulum quīnquāgēsimum*
*(50).*

In nāve Mīsēnum, stābās in nāve duās hōrās. In nāve ad urbem Stabiās, in nāve stās trēs hōrās, et nāvis nōn est in urbe Stabiīs. Nāvis est mediō in marī, trēs hōrās post, et mare nōn est placidum. Mare est malum et magnum et īrā afficitur. Nāvis <u>movētur hūc illūc</u>. Mare clāmat et <u>petit</u> nāvem.

Multae cinerēs ē caelō cadunt in nāvem et in mare. Cinerēs caelum obscūrant. Cinerēs cadunt, et difficile est spīrāre.

---

*Movētur hūc illūc: it is moved this way and that*
*Petit: it attacks*

Multae nāvēs in marī sunt, sed nāvēs nōn moventur.

Nāvēs stant in marī. Multa saxa ē caelō cadunt. Saxa nōn sunt magna, sed multa in marī sunt, et aquam obscūrant.

Mare et saxa spectās. Multa saxa super aquam vidēs; multās cinerēs in aquā et in nāve vidēs. Saxa et cinerēs aquam obscūrant. Caelum saevum est.

*Prōgredere ad capitulum quadrigēsimum-secundum (42).*

# 40  quīnta hōra cum dōdrante (5:45) vesperī

Vīsne īre Stabiās? Rectīna est in perīculō. Necesse est īre Stabiās!

"Fortūna fortibus favet!" inquis. "Stabiās īmus!"

Plīnius valdē gaudet. Saxa cadunt in nāve, et mare est <u>saevum</u>, sed Plīnius gaudet, manus extendit ad caelum, et clāmat, "FORTŪNA FORTIBUS FAVET! AD RECTĪNAM!" Nāvis it Stabiās.

*prōgredere ad capitulum quadrigēsimum-tertium (43).*

---

*saevum: savage, fierce*

**41    quīntā hōrā cum quadrante (5:45) vesperī**

Aquam timēs. Mare saevum est, nōn placidum, et saxa cadunt in nāve. Difficile est stāre, et nōn cadere.

Caelum saevum est, et ātrum. Mare est ātrum. Multī <u>piscēs</u> mortuī super aquam sunt. Multī  piscēs mortuī aquam obscūrant.

Fortūna fortibus favet, sed fortasse fortis nōn es.

"Fortūna fortibus favet," inquis, "sed fortis nōn sum."

---

*Piscēs: fish*

"Sed," inquit Plīnius, "amīca mea, Rectīna, in perīculō est! Rectīna nōs vult!"

"Rectīna," respondēs, "in perīculō est. Sed tū et nautae et ego in perīculō sumus. Volō Mīsēnum revēnīre, Plīnī."

Nauta clāmat, "PLĪNĪ! REVĒNIMUS MĪSĒNUM!" Plīnius tē spectat, nāvem spectat, epistulam spectat, caelum spectat.

Plīnius, "Fīat," inquit. "Revēnimus Mīsēnum." Mare clāmat.

*Prōgredere ad capitulum quadrigēsimum-quārtum (44).*

---

*Fīat: let it be, okay*

Nōn est aquā prope terram. Aqua movētur <u>ā</u>
terrā. Multī <u>piscēs</u> mortuī in terrā sunt.
Multī piscēs mortuī sunt super aquam.
Piscēs aquam obscūrant.

Saxa in caput tuum cadunt et tē vexant.
Vexāta es, et timēs.

---

*Ā: away from*
*Piscēs: fish*

Subitō, nauta clāmat, "Plīnī! Revēniendum est Mīsēnum! Nōn possumus īre Stabiās! Ecce mare! Ecce piscēs et caelum! Ecce nūbēs et saxa et cinerēs cadentēs! Deus īrā afficitur! Omnia īrā afficiuntur! Revēniendum est Mīsēnum!"

Mare clāmat. Plīnius et clāmat, "REVĒNĪRE NŌN POSSUMUS! RECTĪNA, AMĪCA MEA, MĒ VULT! RECTĪNA EST IN PERĪCULŌ! NECESSE EST ĪRE STABIĀS!"

Subitō, Plīnius tē spectat. "Puella?" inquit Plīnius. "Quid vīs? Vīsne īre Mīsēnum, an īre Stabiās?"

Quid vīs?! Potestne nāvis revēnīre Stabiās? Mare nōn est placidum, et valdē timēs. Quid est agendum? Estne melius īre Stabiās? Estne melius revēnīre Mīsēnum? Cōgitās. Rectīna est in perīculō. Sed mare est perīculōsum. Multum cōgitās. Tum:

*Sī vīs īre Stabiās, quaere capitulum quadrigēsimum (40).*

*Sī vīs revēnīre Mīsēnum, quaere capitulum quadrigēsimum-prīmum (41).*

## 43   sextā hōrā (6:00) vesperī

Nāvis movētur <u>Stabiās</u> per aquam saevam
et per saxa cadentia. Aqua ferē tam alta
quam nāvis est, sed nāvis prōgredītur.
Timēs, sed fortis es, et fortūna fortibus
favet.

Spectās altās nāvēs, sed nāvēs eunt
<u>Stabiīs</u>. Spectās Plīnium et, "Omnēs nāvēs
effugiunt. Timeō. Sed auxilium ferimus
Rectīnae," inquis. "Difficile est, sed
auxilium ferendum est."

*Prōgredere ad capitulum quadrigēsimum-*
*quīntum (45).*

---

Stabiā_toward Stabiae
Stabiīs__y from Stabiae

Vīs revēnīre Mīsēnum. Omnēs nautae volunt revēnīre Mīsēnum. Plīnius nōn vult revēnīre Mīsēnum, sed omnēs aliī volunt revēnīre Mīsēnum. Revenītis Mīsēnum.

"Tempus nōn restat, Plīnī," inquis. "Nōn vīs revēnīre Mīsēnum, sed exspectāre nōn possumus. Tempus nōn restat. Revēniendum est."

"Vae," respondet Plīnius, "fīat."

Nauta nāvem <u>vertit</u>. Sed multa saxa in aquā sunt. Multae nāvēs in aquā sunt quod multī hominēs volunt effugere. Mare saevum est, et cinerēs cadunt in nāvem.

---

*Vertit: he turns*

Nauta nāvem vertit, sed nauta nāvem vertit lentē. Multī hominēs clāmant lacrimantēs. Mare clāmat. Saxa cadunt in hominēs.

"Fortūna fortibus favet!" clāmat Plīnius. "Fortēs sumus! Fortēs sumus!"

Fortis nōn es. Timēs.

Terra tremet, et nūbēs maxima et ātra stat super montem. Cinerēs cadunt in nāvem. Caelum ātrum est. Aqua saevior et saevior est, et nāvis nōn movētur. Multae nāvēs nōn moventur. Magnae nāvēs nōn moventur, et parvae nāvēs nōn moventur. Parvī piscēs et hominēs mortuī in aquā sunt. Lentē, aqua nāvem tuam obscūrant. <u>Lentē</u>, nāvis movētur sub aquam. Multam aquam vidēs. Saxum magnum cadit in tē. Tum, nihil vidēs.

Fīnis

---

*Lente: slowly*

Ecce terra! Terram vidēs! Arborēs vidēs! Portum vidēs! Nāvis Stabiās venit!

Mare saevum est, et caelum ātrum. Multa saxa cadunt, et cinerēs cadunt, sed nāvis Stabiās venit! Timēs, quod caelum ātrum est, et nūbēs magna super montem stat. Flammae super montem stant.

"Fortēs sumus!" clāmās.

Plīnius gaudet, clāmāns, "Fortūna fortibus favet! Ad Rectīnam!"

Prope aquam, vir altus stat. Quis est vir?

Nāvis portum intrat, et Plīnius virum videt. "Heu, Pompōniane!" Plīnius extendit <u>manūs</u>, nāvem dēscendit, et currit ad virum, clāmāns, "Pompōniane! Amīce! Heu! Omnia nunc bona! Quōmodo sē habet Rectīna?"

Quis est Pomponiānus?

*Prōgredere ad capitulum quadrigēsimum-sextum (46).*

---

*Manus: hands*

Lente, tū nāvem dēscendis et intrās
Stabiās. Plīnius manum extendit, tē capit
et, "Pompōniane," inquit, "ecce puella nōmine
- quid est tibi nōmen?"

"Mihi nōmen Antōnia est," inquis. "Rectīna
epistulam mihi dedit. Rectīna vult Plīnium
ferre auxilium."

Pomponiānus dīcit <u>sē</u> gaudēre, quod Plīnius
adest. Pomponiānus, vir magnus, "<u>Deīs
grātiās</u>!" inquit. "Rectīna est fēmina mea.
Rectīnā et ego volumus effugere, sed ecce:
aqua est saeva. Nāvēs nōn moventur. Saxa
cadunt ē caelō, et caelum ātrum est.

---

*sē: he*
*Deīs grātiās: thank the gods!*

Flammae altae stant super montem. Quōmodo vēnistis Stabiās, Plīnī et Antōniā?"

"Fortūna," inquit Plīnius, "fortibus favet. Ubi est Rectīna?"

"Rectīna in vīllā est, timēns et exspectāns. Rectīna vult Plīnium ferre auxilium. Venī ad vīllam meam. Cibum habēmus." Cibus!

Respondet Plīnius, "Optime! Ēsuriō, et cibum habēre volō. Vīsne venīre in vīllam, Antōnia?"

Vīsne īre in vīllam? Estne melius quaerere frātrem? Quid est agendum?

*Sī vīs quaerere frātrem, quaere capitulum quadrigēsimum-septimum (47).*
*Sī vīs īre in vīllam, quaere capitulum quadrigēsimum-septimum (48).*

## 47   sexta hōra cum dōdrante (6:45) vesperī

Vīs quaerere frātem. "Plīnī," inquis, "volō venīre in vīllam sed <u>mālō</u> invenīre frātrem. Fortasse frāter in perīculō est. Frāter inveniendus est."

Pomponiānus audit tē dīcentem. "Frāter," inquit, "tibi inveniendus est. Possum auxilium ferre. Licet servō īre tēcum. Vindex! Venī!"

Gaudēs. "Grātiās auxilium ferentī, Pompōniane!!" inquis. Vindex intrat.

Ante tū et Vindex discēditis, Plīnius, "<u>Eho</u>, puella!" inquit.

---

*Mālō: I want more/I prefer*
*Eho: hey*

"Age bonīs avibus! Fortūna fortibus favet!!"

Domum īre vīs, quod frāter domī est. Curris cum servō in viā, et saxa cadunt. Saxa tē vexant, et curris. Nōn multum post, tū et servus tabernam vidētis. Timēs, quod nescīs sī frāter bene sē habeat an nōn.

*Prōgredere ad capitulum sexāgēsimum-prīmum (61).*

**48  sexta hōra cum dōdrante (6:45) vesperī**

Cōgitās. Vīsne īre in vīllam? Vīs quaerere frātrem, sed saxa ē caelō cadunt. Vidēre nōn potes, quod caelum ātrum est. <u>Fulmen fulminat</u> in caelō, et in viā sunt cinerēs <u>tam</u> altae <u>quam</u> tū. Nūbēs maxima super montem stat. Nūbēs est tam magna quam tōtum caelum. Multae vīllae collāpsae sunt. Plīnius tē spectat.

"Puella? Vīsne in vīllam venīre?" Plīnius manum ad iānuam extendit.

---

*Fulmen fulminat: there is lightning*
*Tam...quam: as...as*

Vīsne? Sed frāter...

"Volō," inquis. Et ad iānuam ambulās.

Prōgredere ad capitulum quīnquāgēsimum-
prīmum (51).

Spectās nautam. Memoriāne tenēs nautam?
Memoriā tenēs nautam! Hic est bonus nauta
quī frātrem quaerēbat Stabiīs! Nauta
Mīsēnī est! Fortasse nauta frātrem
<u>invēnit</u>?!

Ad nautam curris, <u>manūs</u> extendēns.
"Nauta!" clāmās. "Nauta!" Nauta sonum
quaerit, et tē videt. Nauta tē memoriā
tenet.

"Salve, puella!" inquit nauta. "Habitābās
Stabiīs! Tū rogāvistī ut frātrem tuum
quaererem!"

---

*Invenit: he found*
*Manus: hands*

"Salvē! Habitābam Stabiīs!" respondēs.

"Ubi est frāter meus? Vīvitne?"

Nauta gaudet. "Vīvēbat frāter!" respondet.
"Columna collāpsa erat in frātrem, sed
frāter vīvēbat. Eum servāvī." Nauta lentē
extendit manum et puerum dēmōnstrat.
Puer stat prope tabernam et mālum edit.
"Ecce, frāter."

"CRISPE!! DEĪS GRĀTIĀS!" clāmās tū, et
ad frātrem tuum curris. Subitō lacrimās
quod gaudēs.

"ANTŌNIA!" clāmat frāter, lacrimāns quod
gaudet. Frātrem capis. Nauta nōn lacrimat,
sed gaudet et discēdit.

"Tē amō, frāter," inquis. Frāter tē spectat.

"Et ego tē, Antōnia. Mortuus nōn sum, et mortua nōn es! Habitāmusne nunc Mīsēnī?"

"Habitāmus Mīsēnī," inquis. "Et vīvimus."

"Ō bonum," respondet Crispus. "Ēsuriō."

**Fīnis**

Nautam spectās. Memoriāne tenēs nautam?
Erat nauta in nāve Mīsēnum...sed nōn hic
nauta.

Memoriā nōn tenēs nautam. Nescīs.

Ambulās in viā et tabernam vidēs. Taberna
magna est. Fortasse est taberna ubi
habitāre potes. Utinam frāter tēcum
esset...

**Fīnis**

---

*Utinam esset: if only he were*

# 51    septima hōra (7:00) vesperī

In vīllā, Rectīnā prope iānuam stat. Cum Rectīna Plīnium videt, gaudet. "Plīnī, amīce!" clāmat. "Grātiās auxilium ferentī!"

"Gaudeō auxilium ferēns, amīca mea," Plīnius respondet. "Haec puella mē quaerēbat."

Rectīna subitō tē videt. "Puella!" clāmat. "Tū Plīnium quaerēbās! Grātiās Plīnium ferentī."

Plīnius nōn vult Rectīnam timēre. Plīnius nōn vult Pomponiānum timēre. Plīnius animō fingit sē nōn timēre. "Gaudeō auxilium ferēns!" respondet Plīnius. "Sed ēsuriō, et volō mē lavāre. Estne cibus?"

---

*Grātiās auxilium ferentī: thank you for bringing help!*
*Animō fingit sē: he pretends that he*
*Mē lavāre: to wash myself*

"Licet tē lavāre," respondet Rectīna, "et multōs cibōs habēmus."

Plīnius sē lavat at tū tē lavās. Post Plīnius sē lavat et tū tē lavās, omnēs edunt. Cibus est optimus et splendidus. Multum cibum edis. Plīnius loquitur et loquitur. Plīnius animō fingit sē nōn timēre. Tū animō fingis tē nōn timēre, sed nōn loqueris.

Cibum edis et audīs Plīnium et Rectīnam et Pomponiānum loquentēs, et caelum spectās. Caelum ātrum et obscūrum est, sed flammae sunt in caelō. Flammae tam magnae quam caelum sunt in caelō. Manum extendis

 et dēmōnstrās flammās.

"Plīnī," inquis, "flammae tam magnae quam caelum sunt in caelō. Timeō.

Cūr sunt flammae?"

"Āh!" inquit Plīnius. "Flammae sunt quod multī hominēs habent flammās in culīnā! Hominēs flammās magnās et parvās in culīnīs habent! Multī hominēs in culīnīs sunt. Rectīnā, hic cibus optimus est." Quam ob rem, Rectīna dīcit sē nōn timēre, et Pomponiānus respondet sē nōn timēre. Sed tū timēs.

Tum, Plīnius et Rectīna et Pomponiānus dormiunt. Sed tū...tū nōn dormīs. Audīs Plīnium dormientem. Sed nōn dormīs. Timēs.

*Prōgredere ad capitulum quīnquāgēsimum-secundum (52).*

Quod nōn dormīs, ambulās in parvō cubiculō.
Ad fenestram ambulās. Stās prope
fenestram et caelum trīstis spectās.

In caelō, flammās altās vidēs. In caelō,
nūbem ātram et maximam vidēs. Caelum
placidum nōn est; mare placidum nōn est.
Mare altum est. Mare tam altum est quam
vīllae. Saxa ē caelō cadunt in terram, et
terram nōn vidēs. Saxa vidēs, et cinerēs
vidēs. Terra tremet, et omnēs vīllae
tremet. Aliae vīllae collāpsae sunt. Vīllae
collāpsae hominēs obscūrant. Mātrēs
clāmant, et īnfantēs lacrimant.

---

*aliae: some*
*īnfantēs: babies*

Subitō, Plīnium audīs! Plīnus nōn dormit, sed stat. Clāmat, "Pompōniane! Rectīnā! Puella! Venīte!"

*Prōgredere ad capitulum quīnquāgēsimum-tertium (53).*

"Pompōniane," inquit Plīnius. "Saxa cadunt ē
caelō. Cinerēs cadunt ē caelō. Terram
vidēre nōn possum. Saxa videō, et cinerēs,
sed nōn terram. Cinerēs terram obscūrant.
Illa magna nūbēs collāpsa est. Viam nōn
videō. Flammae tam maximae in terrā sunt,
et terra tremet. Vīllae trement, et aliae
vīllae collāpsae sunt. Timeō, et volō
effugere. Vultisne effugere?"

Pomponiānus cōgitat, et Rectīna cōgitat.
Pomponiānus, "Quōmodo effugiāmus?"
rogat. "Saxa cadunt, et terra tremet."

Rectīna clāmat, "Ecce!" et culcitam capit. "Culcitam habeō! Quidnī pōnāmus culcitās in capitibus et effugiāmus? Saxa nōn cadent in capita - cadent in culcitās!"

"Ō bonum!" inquit Pomponiānus. "Quidnī pōnāmus culcitās in capitibus et effugiāmus!"

"Quidnī!" clāmat Plīnius, "pōnāmus culcitās in capitibus et effugiāmus!"

Sed tū nōn dīcis. Plīnius tē spectat.

"Puella?" rogat Plīnius. "Pōnisne culcitam in capite? Vīsne effugere?"

---

*Culcita: a pillow*
*Quidnī pōnāmus: why don't we put*
*In capitibus: on our heads*

Vīsne effugere? Saxa cadunt ē caelō, et saxa tē nōn dēlectant. Flammae in caelō sunt, et flammās timēs. Vīsne effugere, an vīsne exspectāre in vīllā? Fortasse melius est sedēre in vīllā, ubi saxa nōn cadunt. Fortasse māne, saxa nōn cadent, et terra nōn tremēbit.

...sed multae vīllae collāpsae sunt. Cōgitās. Vīsne effugere? Vīsne exspectāre? Quid melius est? Quid est agendum?

*Sī effugere vīs, quaere capitulum quīnquāgēsimum-quārtum (54).*
*Sī exspectāre in vīllā vīs, quaere capitulum quīnquāgēsimum-quīntum (55).*

Effugere vīs. Timēs saxa cadentia, et flammās, et terram trementem, sed effugere vīs.

"Fortūna fortibus favet," inquis, "et effugere volō. Rectīna, licetne mihi culcitam habēre?"

"Licet," respondet Rectīna, et tibi culcitam offert.

Tū, Pomponiānus, Plīnius et Rectīna omnēs culcitās capitibus pōnitis, et ad iānuam ambulātis.

Effugitis in viam. Manē est, sed cinerēs et nūbēs caelum obscūrant. Rectīna habet <u>facem</u>.

Manē est, sed vidēre nōn potes, quod nūbēs maxima tōtum caelum obscūrat. Spectās caelum, sed nihil vidēs. Caelum ātrum est. Saxa magna in culcitās cadunt. Hominēs nōn vidēs quod caelum ātrum et obscūrum est, sed flammās parvās vidēs - multī hominēs facēs habent.

<u>Multa</u> in viā sunt - cinerēs ātrī, mātrēs clāmantēs, īnfantēs lacrimantēs, animālia mortua. Plīnius ad aquam īre vult - fortasse effugere in nāve potestis. <u>Difficile est</u> ambulāre, et omnēs ambulātis lentē ad mare.

---

*Fax (facem, facēs): a torch*
*Multa: a lot of things*
*Difficile est: it's difficult*

Sed mare tam saevum est, et clāmat. Aqua est tam alta quam Pomponiānus.

"Nōn possumus," inquit Pomponiānus, "effugere in nāve. Mare tam saeva est, et saxa tōtum mare obscūrant."

*Prōgredere ad capitulum quīnquāgēsimum-sextum (56).*

## 55  prīma hōra cum quadrante (1:15) mane

Exspectāre in vīllā vīs. Fortasse in vīllā vīvēs. Saxa et cinerēs in vīllā nōn cadunt, quam ob rem in vīllā fortasse vīvēs. "Effugite," inquis, "sed exspectāre in vīllā volō. Melius est mihi exspectāre in vīllā."

Rectīna lacrimat quod ānxia est. Plīnius, trīstis, lentē culcitam capite portat, dīcēns, "Fortūna fortibus favet. Valē."

Et, "Fortūna," inquis, "fortibus favet. Valē."

Spectās <u>eōs</u> effugientēs. Sedēs in sellā, spectāns per fenestram. Spectās viam et caelum. Nōn multum post, odor malus intrat vīllam, sed nescīs odōrem. <u>Calet</u>.

---

*Ēos: them*
*Calet: it's hot*

Spīrās difficile. Frātrem vīs. Vidēre nōn
potes. Spīrāre nōn potes. Frātrem vidēre
vīs.

## Fīnis

Plīnius multās minūtās aquam spectat.

"Nōn possumus," respondet, "effugere in nāve. Sed...<u>fessus</u>...sum." Plīnius sedet in terrā.

"Plīnī!" clāmās. "Vēnī! Effugiendum est!" Saxa cadunt, et flammae altiōrēs sunt. Rectīna extendit facem. Multōs hominēs mortuōs vidēs.

"Ecce, Plīnī," Rectīna inquit, "aqua alta est, flammae altae sunt, et saxa cadunt. Ego tam fessa sum! Pomponiānus tam fessus est! Sed effugiendum est!"

Plīnius nōn bene spīrat. Lentē, Plīnius <u>surgit</u>, sed subitō cadit.

---

*Fessus: tired*
*Surgit: he agets up*

"Fessus sum," inquit Plīnius. "Nōn possum effugere."

Subitō, odor malus est.

"Quī est odor?" rogat Rectīna.

"Odor est sulfur," inquis. Plīnium spectās. Plīnius collāpsus est in terrā.

"Plīnī!" clāmās.

"Effugiendum est," Pomponiānus inquit. "Plīnius semper nōn bene spīrat, nunc valdē nōn bene spīrāre potest. Nunc effugere nōn potest. Effugiāmus, Rectīna. Effugiāmus, puella!"

Vīsne effugere? Sed Plīnius difficile spīrat, et collāpsus est! Melius est sedēre cum Plīniō!

...sed caelum timēs.

*Sī effugere vīs, quaere capitulum quīnquāgēsimum-septimum (57).*
*Sī sedēre cum Plīniō vīs, quaere capitulum duodēsexāgēsimum (58).*

## 57    secunda hōra cum quadrante (2:15) māne

Terra valdē tremet, et Rectīna, "Pompōniane!" clāmat. "Effugiāmus! Puella, effugiāmus nunc!"

Fortasse melius est effugere. Plīnius nōn bene spīrat, et auxilium ferre nōn potes.

Timēs. Melius est effugere. Melius est effugere Stabiīs.

"Quō effūgimus?" rogās.

"Nesciō," respondet Pomponiānus, "sed effugiendum est. Plīnī, potesne venīre? Vīsne?"

Plīnius valdē difficile spīrat, et lentē, "Nōn possum sequī. Nōn possum ambulāre," respondet. "Effuge, puella. Nōn bonum est sedēre mēcum. Nōn vīvam."

Caelum ātrius et ātrius est. Hominēs clāmant, valdē lacrimantēs. <u>Calet</u>. Terra tremet et tremet. Effugitis trīstēs. Plīnius nōn sequitur. Plīnius in terrā restat.

Rectīna et tū lacrimātis quod ānxiae estis, sed effugitis. Fortasse Rectīna, Pomponiānus, et tū vīvētis.

**Fīnis**

---

*Calet: it's hot*

**58    secunda hōra cum quadrante (2:15) manē**

Spectās Plīnium collāpsum in terrā.

"Effugiātis," inquit. "Plīnius homō bonus est, et difficile spīrat. Volō sedēre cum Plīniō. Sī effugiam, Plīnius sōlus sit. Effugiātis. Nōlīte exspectāre. Sedēbō cum Plīniō."

Pomponiānus tē spectat. "Puella, caelum et mare saeva sunt. Flammae sunt. Vīsne sēdēre cum Plīniō?"

"Volō," respondēs fortis. "Fortūna fortibus favet!"

"Fīat!" Spectās Rectīnam et Pomponiānum effugientēs, et lentē sēdēs cum Plīniō collāpsō.

Plīnius difficile spīrat. "Puella," inquit,
"effuge. Sequere Rectīnam et
Pomponiānum."

"Nōlō effugere," respondēs. "Nōlō sequī.
Sedeō tēcum. Fortūna fortibus favet, et
fortēs sumus. Aliud cūra." Nōn lacrimās,
quod tū et Plīnius fortēs estis.

Post quīnque minūtās, Plīnius oculōs claudit.
Plīnius sē movēre nōn potest. Spīrāre nōn
potest. Plīnius nōn vīvit.

"Valē, amīce," inquis trīstis. Odor magnus
est. Odor sulfur est. Subitō <u>calet</u>. Difficile
spīrās. Fīnem exspectās.

**Fīnis**

---

*Calet: it's hot*

Vīsne īre cum Plīniō? Frāter tuus tē
exspectat Stabiīs, et fortasse timet.
Fortasse nōn bene sē habet. Nūbēs super
montem ātrior et ātrior, maior et maior
est, et fortasse frāter nōn bene sē habet.

Nōn vīs īre ad Plīniī Minōris vīllam. Nōn vīs
loquī cum Plīniō Maiōre. Epistula mittenda
erat, et mīsistī epistulam. Nunc necesse est
īre domum. Necesse est īre ad frātrem.

"<u>Benigne</u>," inquis, "sed necesse est mihi īre
domum. Stabiīs habitō, et volō īre ad
portum et nāvem quaerere."

*Quaere capitulum sexāgēsimum (60).*

---

*Benigne: an idiomatic way of saying 'no
thank you' (literally: nicely)*

Cum in nāve Mīsēnum erat, stābās in nāve
duās hōrās. Stās in nāve Stabiās trēs
hōrās. Aquam timēs. Mare saevum est, nōn
placidum, et saxa cadunt in nāve. Difficile
est stāre et nōn cadere.

Caelum saevum est, et ātrum. Mare est
ātrum. Multī piscēs mortuī super aquam
sunt. Multī piscēs mortuī aquam obscūrant.

Fortūna fortibus favet, sed fortasse fortis
nōn es.

"Fortūna fortibus favet," inquis, "sed fortis
nōn sum."

---

*Saxa: rocks*
*Piscēs: fish*

Post trēs hōrās, terram vidēs. Multōs hominēs clāmantēs vidēs. Caelum ātrius et ātrius est, et fortis nōn es. Frātrem quaerere vīs.

Difficile ambulās per viās, post īnfantēs lacrimantēs, post mātrēs quaerentēs īnfantēs. Ambulās post servōs effugientēs et saxa cadentia et cinerēs cadentēs.

Post multum tempus, tabernam tuam vidēs. Estne frāter in tabernā? Quōmodo frāter sē habet? Vīvitne frāter?

"Fortūna fortibus favet," inquid. "Fortis sum."

Tabernam intrās.

*Quaere capitulum sextum-decimum (16).*

Tabernam intrās, et frātrem vidēs. Statim lacrimās, quod columna collāpsa est in frātre, et frāter nōn sē movet. Frāter tē nōn videt. Frāter nihil videt. Frāter nōn loquitur. Estne mortuus? Columna maxima est et frātrem obscūrat...

"Crispe?" clāmās. "Vīvisne?" Crispus nōn respondet.

Servus ad Crispum ambulat et sedet. "Puer?" inquit servus. "Vīvisne?"

Lentē, Crispus sē movet. "Quis es?" rogat. "Ubi est Antōnia mea? Ubi est soror mea? Sorōrem meam volō."

Ad Crispum curris. "Frāter!" clāmās. "Vīvis! Ecce, adsum!" Servum spectās. "Servē, auxilium volō! Fer mihi auxilium! Columna movenda est, et fortis nōn sum!"

Tū et Vindex lentē columnam movētis, et servus frātrem tuum tenet. Crispus sē movēre nōn potest, sed vīvit.

"Quid agere vīs, puella?" servus rogat.

Servus bene rogat. Quid agere vīs? Nōn vīs īre ad Pomponiānī domum. Effugere vīs...sed quō? Vīsne īre Nūceriam, an Herculāneum?

*Sī Nūceriam effugere vīs, quaere capitulum sexāgēsimum-secundum (62).*
*Sī Herculāneum effugere vīs, quaere capitulum sexāgēsimum-tertium (63).*

"Nūceriam effugiēmus," servō respondēs.
"Grātiās auxilium offerentī. Vīsne effugere
Nūceriam?"

"<u>Benigne</u>," respondet servus. "Volō, sed
Pomponiānus est familia mea, et necesse
est mihi īre ad Pomponiānum. Bonam
fortūnam, puella. Fortūna fortibus favet."
Frātrem tuum capis ā servō, et servus
discēdit.

Terra in urbe Stabiīs tremet, et Crispus
timet. Tū timēs. Melius est effugere.
Melius est effugere Nūceriam. Nūceria <u>nōn
longē abest</u>.

---

*Nōn longē abest: it's not far away*
*Benigne: an idiomatic way of saying 'no
thank you' (literally: nicely)*

Hominēs quī habitant in Nūceriā semper veniunt Stabiās, quod portus bonus et maximus est Stabiīs.

Fortasse Nūceriae, hominēs auxilium <u>dabunt</u> tibi et frātrī.
Via ad Nūceriam prope domum est. Via magna est, et multī hominēs in viā sunt. Difficile est ambulāre in viā quod multī hominēs in viā sunt.

Fortasse in Nūceriā, deus īrā nōn afficitur. Melius <u>erit</u> in Nūceriā. Nōn multum tempus restat - exspectāre nōn vīs. Fortasse in Nūceriā, auxilium frātrī est. Vīvere vīs. Crispum tenēs, et curris.

**Fīnis**

---

*Dabunt: they will give*
*Erit: it will be*

"Herculāneum effugiēmus," servō respondēs. "Grātiās auxilium offerentī. Vīsne effugere Herculāneum?"

"<u>Benigne</u>," respondet servus. "Volō, sed Pomponiānus est familia mea, et necesse est mihi īre ad Pomponiānum. Bonam fortūnam, puella. Fortūna fortibus favet." Frātrem tuum capis ā servō, et servus discēdit.

Terra Stabiīs tremet, et Crispus timet. Tū timēs. Melius est effugere. Melius est effugere Herculāneum. Nūceria <u>nōn longē abest</u>, sed nescīs viam ad Nūceriam. Melius est īre Herculāneum. Tempus restat.

---

*Benigne: no, thank you (literally, nicely)*
*Nōn longē abest: isn't far away*

Herculāneum est prope montem. Super montem, nūbēs magna est. Deus Stabiīs <u>īrā afficitur</u>. Fortasse deus Herculāneī īrā nōn afficitur. Fortasse nūbēs bona est.

Multās hōrās curris, tenēns frātrem, et frāter nihil dīcit. Post multās hōrās, Herculāneum intrās. Fessa es, et Crispus lacrimat.

Herculāneum ōlim pulchrum erat, sed hodiē terra tremet, et cinerēs cadunt. Caelum tam ātrum est quam Stabiīs, et saxa magna ē caelō cadunt. Difficile est spīrāre.

Tū et Crispus in terrā sedētis.

"Vīvēmusne, soror?" rogat Crispus. Caelum spectās et, "Nesciō, Crispe," inquis. "Cōgitō. <u>Bonō animō estō</u>."

---

*Īrā afficitur: he is affected by anger*
*Bonō animō estō: be of good spirit*

Sed nūbēs super montem est ātrior et ātrior, maior et maior. Terra tremet. Saxa ē caelō cadunt. Timēs, et trīstis es. Crispus sē movēre nōn potest, et tū fessa es. Nōn potes Crispum capere et currere. Crispus caelum spectat.

"Antōnia," inquit Crispus, "mē nōn dēlectat Herculāneum. Terra tremet. Saxa ē caelō cadunt. Cinerēs cadunt. Spīrāre nōn possum, et vidēre nōn possum. Mē nōn dēlectat Herculāneum. Licetne effugere? Effugere volō."

Nōn licet effugere. Effugere vīs, sed nōn potes. Tempus nōn restat.

**Fīnis**

---

*Tempus (non) restat: there is (not) time left*

# Index Vocabulorum

**A** - by, from

**Abhinc** - ago

**Ad** - to, towards

**Adsum** - I am here

**Ago** - I do

**Agendum** - needs to be done

**Agere** - to do

**Agis** - you do

**Agit** - s/he/it does

**Agitur** - is being done, is going on

**Agunt** - they do

**Aliae/alii** - other

**Aliud cura** - don't worry about it (literally: worry about something else)

**Altera** - the other

**Altiores** - taller, higher, deeper

**Altus** - tall, high, deep

**Ambulant** - they walk

**Ambulantem** - walking

**Ambulare** - to walk

**Ambulas** - you walk

**Ambulat** - s/he/it walks

**Ambulatis** - you (pl) walk

**Amica** - female friend

**Amicus** - male friend

**Amice** - friend!

**Amo** - I love

**Animalia** - animals

**An** - or

**Animo fingit se-** pretend that he

**Annus** - year

**Annos nata es** - you are x years old

**Annos natus est** - he is x years old

**Anxia** - anxious, nervous

**Appropinquas** - you approach
**Aqua** - water
**Arborea** - tree-like
**Arbores** - trees
**Ascendere** - to board, to climb
**Ascenderis** - you will have boarded
**Ascendes** - you board
**Ascendit** - s/he/it boards
**Atrior** - blacker
**Audire** - to hear
**Audis** - you hear
**Audit** - s/he/it hears
**Auxilium** - help
**Atra** - black
**Bene** - well
**Bene se habet** - he's okay
**Bene te age** - behave yourself

**Benigne** - nicely, thank you, no thank you
**Bona** - good
**Bono animo esto** - be in good spirits
**Bono animo sum** - I am in good spirits
**Cadent** - they will fall
**Cadentes** - falling (pl)
**Cadentia** - falling (pl)
**Cadere** - to fall
**Cadis** - you fall
**Cadit** - s/he/it falls
**Cadunt** - they fall
**Caelum** - sky/weather
**Calet** - it is hot
**Capere** - to take
**Capiamus** - let's take
**Capiendus** - needs to be taken
**Capis** - you take
**Capit** - s/he/it takes
**Capitulum** - chapter
**Caput** - head

**Celebrant** - they celebrate

**Cera** - a wax tablet

**Cibus** - food

**Cineres** - ashes

**Clamabo** - I will yell, scream

**Clamans** - yelling, screaming

**Clamant** - they yell, scream

**Clamantem** - yelling, screaming

**Clamantes** - yelling, screaming (pl)

**Clamare** - to yell, scream

**Clamas** - you yell, scream

**Clamat** - s/he/it yells, scream

**Clamavisti** - you yelled, screamed

**Claudit** - s/he/it closes

**Cogitas** - you think

**Cogitat** - s/he/it thinks

**Collapsa erat** - it had collapsed

**Collapsae sunt** - they collapsed

**Collapsum** - collapsed

**Collapsum est** - it collapsed

**Collapsus est** - he collapsed

**Columna** - a column

**Cras** - tomorrow

**Credere** - to believe

**Credis** - you believe

**Credisne** - do you believe?

**Credo** - I believe

**Culcita** - pillow

**Culina** - kitchen

**Cum** - when, with

**Cur** - why

**Curare** - to take care of

**Curram** - I will run

**Curre** - run!

**Currens** - running

**Currentes** - running (pl)

**Curres** - you will run

**Curris** - you run

**Currit** - he/she/it runs

**Current** - they run

**Da** - give!

**Da veniam** - forgive me

**Dabo** - I will give

**Dabit** - s/he/it will give

**Dabunt** - they will give

**Dandum** - needs it be given

**Dare** - to give

**Das** - you give

**Dat** - s/he/it gives

**De** - about

**Dedit** - s/he/it gave

**Deis gratias** - thank gods!

**Delectant** - they are pleasing

**Delectat** - s/he/it is pleasing

**Demonstrans** - demonstrating

**Deus** - god

**Des** - please give

**Descendite** - descend, y'all

**Dicens** - saying

**Dies** - day(s)

**Difficile** - difficult, with difficulty

**Discedet** - s/he/it will leave

**Discedis** - you leave

**Discessisti** - you left

**Discedit** - s/he/it leaves

**Domus** - home

**Domina** - mistress

**Dormis** - you sleep

**Dormit** - s/he/it sleeps

**Dormiunt** - they sleep

**Duae** - two

**Eamus** - let's go

**Ecce** - look!

**Ede** - eat!

**Edit** - he/she eats

**Ego** - I

**Eo** - I go

**Effugere** - to run away

**Effugiam** - I will run away

**Effugiamus** - we should run away

**Effugiatis** - y'all should run away

**Effugiemus** - we will run away

**Effugiendum est** - you have to run away

**Effugientes** - running away

**Effugit** - runs away

**Effugitis** - you (pl) run away

**Emere** - to buy

**Eos** - them

**Epistula** - a letter

**Erat** - he/she/it was

**Erit** - it will be

**Ero** - see "Iam hic ero"

**Es** - you are

**Esne** - are you?

**Esse** - to be

**Est** - he/she/it is

**Estis** - you (pl) are

**Estne** - is it? Is there?

**Esto** - see "bono animo esto"

**Esurio** - i'm hungry

**Esurire** - to be hungry

**Esuris** - you are hungry

**Esurit** - s/he/it is hungry

**Et** - and, also

**Expecta** - wait!

**Exspectare** - to wait

**Exspectat** - s/he/it waits

**Extendens** - extending

**Extendit** - extends

**Femina** - a woman

**Fax** - a torch

**Fer** - bring!

**Ferenda/ferendum:** needs to be brought

**Ferens** - bringing

**Feres** - you will bring

**Ferre** - to bring

**Fers** - you bring

**Fessus** - tired

**Fiat** - okay, let it be

**Fingere animo** - to pretend

**Fingere animo se** - to pretend that s/he

**Finis** - the end

**Flammae** - flames

**Flocci non facio** - I don't care

**Flocci non facis** - you don't care

**Forum** - the city center, where you find shops, temples, etc

**Fortasse** - maybe

**Fortis** - strong, brave

**Fortuna fortibus favet** - fortune favors the brave

**Frater** - brother

**Fulmen** - lightning

**Fulminat** - it lightnings

**Fur** - thief

**Gratias** - thank you

**Gaudens** - being happy

**Gaudere** - to be happy

**Gaudes** - you are happy **Gaudet** - s/he/is happy

**Gratias** - thanks

**Gratias auxilium ferenti** - thank you for helping

**Gratias Plinium ferenti** - thanks for bringing Pliny

**Habebimus** - we will have

**Habemus** - we have

**Habent** - they have

**Habeo** - I have

**Habere** - to have

**Habes** - you have

**Habet** - s/he/it has

**Habitabam** - I used to live

**Habitabas** - you used to live

**Habitamusne** - do we live?

**Habitant** - they live

**Habitas** - you live

**Habitatis** - you (pl) live

**Haec** - this

**Herculanei** - of Herculanum, in Herculaneum

**Hic** - here

**Hic** - this

**Hoc** - this

**Hodie** - today

**Homo** - person

**Homines** - people

**Hora** - hour

**Huc illuc** - this way and that

**Iam hic ero** - i'll be back

**Ianua** - a door

**Ibo** - I will go

**Ignoras** - you ignore

**Illa** - that

**Imus** - we go

**Infantes** - babies

**Inquis** - you say

**Inquit** - s/he/it says

**Intrant** - they go in

**Intrare** - to go in

**Intras** - you go in
**Intrat** - s/he/it go in
**Intratis** - you (pl) go in
**Ira afficitur** - s/he/it is angry
**Ira afficiuntur** - they are agry
**Irasci** - to be angry
**Ire** - to go
**Is** - you go
**It** - s/he/it goes
**Itis** - you (pl) go
**Laborant** - they work
**Lacrimabas** - you were crying
**Lacrimans** - crying
**Lacrimantem** - crying
**Lacrimantes** - crying (pl)
**Lacrimas**- you cry
**Lavare** - to wash
**Lente** - slowly
**Licet** - it is allowed

**Licetne** - is it allowed?
**Longe abest** - is far away
**Loqui** - to speak
**Loquiris** - you speak
**Loquitur** - S/he/it speaks
**Loquuntur** - they speak
**Magna** - big
**Magni facio** - I care a lot about
**Malim** - I would prefer
**Malum** - an apple
**Malus** - bad
**Mane** - in the morning
**Manē** - stay!
**Manebo** - I will stay
**Mare** - the sea
**Mater** - mother
**Mea/meus** - my
**Mecum** - with me
**Melius** - better

**Memoria tenes** - you remember

**Memoria non tenes** - you don't remember

**Memoria non tenet** - doesn't remember

**Memoria tenet** - s/he/it remembers

**Manus** - hand(s)

**Maxima** - really big

**Me** - me

**Mercatores** - merchants

**Mihi** - for me, to me

**Miles** - soldier

**Minima voce** - in a small voice

**Minuta** - minute

**Misisti** - you sent

**Mittenda** - needs to be sent

**Mittere** - to send

**Misit** - s/he/it sent

**Mons** - a mountain

**Mortua** - dead

**Mortua est** - she died

**Mortuus est** - he died

**Mortui sunt** - they died

**Movenda** - needs to be moved

**Movere** - to move

**Movet** - it moves

**Movetis** - you (pl) move

**Movetur** - is moved

**Multum** - a lot

**Murmurat** - s/he/it murmurs

**Natus est** - was born

**Nauta** - sailor

**Naves** - boats

**Necesse est** - it is necessary

**Nescio** - I don't know

**Nescis** - you don't know

**Nesciunt** - they don't know

**Nihil** - nothing

**Nomen** - name

**Nomine** - in name

**Non multum post** - not much later

**Noli** - don't!

**Nolite** - don't, y'all!

**Nolo** - I don't want

**Non** - not

**Nubes** - cloud

**Nulla** - none

**Nunc** - now

**Obscurat** - s/he/it darkens, s/he/it covers

**Obscurant** - they darken, they cover

**Obscurum** - dark

**Octava** - eighth

**Oculus** - eye

**Odor** - a smell

**Offerenti** - for offering

**Offero** - I offer

**Offert** - s/he/it offers

**Olim** - once upon a time, at some point

**Omnes** - everyone

**Omnia** - everything

**Optimus** - excellent

**Pars** - a part

**Parvus** - small

**Parentes** - parents

**Pecunia** - money

**Per** - through

**Periculosum** - dangerous

**Periculossisimum** - really super dangerous

**Periculum** - danger

**Petit** - s/he/it attacks

**Pictura** - picture

**Pisces** - fish

**Placidum** - calm

**Pomum** - fruit

**Ponamus** - we should put

**Ponisne** - are you putting?

**Ponitis** - you (pl) put

**Poteris** - you will be able

**Portant** - they carry

**Portas** - you carry

**Portus** - port

**Possum** - I can

**Possunt** - they can

**Post** - after, behind

**Potes** - you can

**Potesne** - can you?

**Potestis** - you (pl) can

**Potestne** - can s/he/it?

**Pro** - on behalf of

**Prope** - near

**Progredere** - proceed!

**Progreditur** - s/he/it proceeds

**Puella** - girl

**Puer** - boy

**Pulchra** - pretty

**Quae/qua/qui/quem/quo** - which, who

**Quaeram** - I will search for

**Quaere** - search for!

**Quaerebas** - you were looking for

**Quaerebat** - s/he/it was looking for

**Quaerenda** - needs to be looked for

**Quaerens** - searching, looking

**Quaerentes** - searching, looking (pl)

**Quaerere** - to search for

**Quaererem** - see "rogavisti ut quaererem"

**Quaeres** - you will search for

**Quaerit** - s/he/it searches

**Quaero** - I search for for
**Quam ob rem** - because of this, so
**Quanta** - how much?
**Quattuordecim** - fourteen
**Quid** - what
**Quidni** - why not?
**Quidni ponamus** - why don't we put?
**Quinque** - five
**Quis** - who
**Quo** - to where
**Quod** - because
**Quomodo** - how
**Quomodo se habet** - how is s/he
**Relinquere** - to leave behind
**Relinquis** - you leave behind
**Respondes** - you respond

**Respondet** - s/he/it responds
**Restat** - is left, remains
**Revenimus** - we are coming back
**Reveniendum est** - you need to come back
**Revenire** - to come back
**Revenis** - you come back
**Rogas** - you ask
**Rogat** - s/he/it asks
**Rogavisti ut quaererem** - you asked me to look for
**Romani** - Romans
**Saevum** - savage
**Saevior** - more savage
**Saxa** - rocks
**Salve** - hello
**SBVEEV** - si bene vales, ego etiam valeo:

if you are well, I am also well

**Scio** - I know

**Scribenda:** needs to be written

**Scribit** - s/he/it writes

**Se** - himself/herself, that she, that he

**Se movere** - to move himself

**Se movet** - s/he/it moves her-/him-/itself

**Sed** - but

**Sedebo** - I will sit

**Sedere** - to sit

**Sedes** - you sit

**Sedet** - s/he/it sits

**Sedetis** - you (pl) sit

**Sella** - a chair

**Se movere** - to move himself/herself/itself

**Semis** - half

**Semper** - always

**Senex** - old man

**Septima** - seventh

**Sequere** - follow!

**Sequi** - to follow

**Sequiris** - you follow

**Sequitur** - s/he/it follows

**Servare** - to save

**Serve!** - slave!

**Servus** - slave

**Servat** - s/he saves

**Si** - if

**Sit** - s/he/it is

**Sonus** - sound

**Soror** - sister

**SPD** - salutem plurimam dicit: says much health

**Spectans** - looking, watching

**Spectantes** - watching, looking at (pl)

**Spectas** - you watch

**Spectat** - watches

**Spectatis** - you (pl) watch

**Spirare** - to breathe

**Spiras** - you breathe

**Spirat** - he breathes

**Splendidus** - splendid

**Stare** - to stand

**Stant** - they stand

**Stas** - you stand

**Stat** - s/he/it stands

**Statim** - immediately

**Statua** - statue

**Subito** - suddenly

**Sulfur** - sulfur

**Sum** - I am

**Sumus** - we are

**Sunt** - they are, there are

**Suntne** - are there? are they?

**Super** - above

**Suus** - his/her own

**Taberna** - a shop, inn

**Tablinum** - the office

**Tace** - hush!

**Tam...quam...** - as...as...

**Tecum** - with you

**Terra** - ground

**Tempus** - time

**Tenens** - holding

**Teneo** - I hold

**Tenes** - you hold

**Tenet** s/he/it holds

**Theatrum** - theater

**Tibi** - for you

**Timeo** - I am afraid

**Times** - you are afraid

**Timent** - they are afraid

**Timet** - s/he/it is afraid

**Timetis** - you (pl) are afraid

**Totum** - the whole, the entire

**Tremeat** - it shakes

**Tremebat** - it was shaking

**Tremebit** - will tremble, shake

**Trementem** - trembling, shaking

**Tremet** - it trembles, shakes

**Trement** - they tremble, shake

**Tristis** - sad

**Tu** - you

**Tua** - your

**Tuus** - your

**Tum** - then

**Ubi** - where

**Una** - one

**Urbs** - city

**Utinam esset** - if only he were

**Vae** - oh dear, bah

**Vah!** - ah!

**Vale** - goodbye (talking to one person)

**Valete** - goodbye (talking to more than one person)

**Valde** - a lot, very much

**Veni** - come!

**Venia** - mercy

**Venire** - to come

**Venistis** - you (pl) have come

**Venit** - s/he/it comes

**Venite** - come, y'all!

**Veniunt** - they are coming

**Vertit** - s/he/it turns

**Vexat** - s/he/it annoys

**Vexata** - annoyed

**Vexatus est** - he is annoyed

**Via** - road

**Videbit** - s/he/it will see

**Video** - I see

**Videntur** - them seem, they look like

**Vides** - you see

**Videtur** - it seems, it looks like

**Villa** - house

**Vir** - a man

**Vivebat** - s/he/it was alive

**Vivemusne** - will we live?

**Vivere** - to live

**Vives** - you will live

**Vivetis** - you (pl) will live

**Vivimus** - we are alive

**Vivis** - you are alive

**Vivisne** - are you alive?

**Vivit** - s/he/it is alive

**Vivitne** - is s/he/it alive?

**Vivunt** - they are alive

**Volet** - s/he/it will want

**Volo** - I want

**Volumus** - we ant

**Volunt** - they want

**Vir** - man

**Vis** - you want

**Visne** - do you want?

**Vos** - y'all

**Vult** - s/he/it wants

**Vultisne** - do you (pl) want?

# Historical Note

There is some doubt as to the actual date of the eruption of Vesuvius, but the fairly commonly accepted story goes...

On August 24th, 79 AD, the volcano Vesuvius, located about 6.5 miles (10.3 kilometers) from Pompeii, erupted. There had been tremors for several days prior. The eruption itself lasted two days, starting slow, and when it did happen, it destroyed Pompeii, Herculaneum, Oplontis, and Stabiae - all cities near the volcano. Each city was differently affected, leaving us vastly different information to excavate. About 13 miles (around 20 km) north, there was a city called Misenum that was mildly affected but made it through the eruption. Depending on the route you chose, you encountered Nuceria, Stabiae, Herculaneum (through Julia), and Misenum.

We chose to center our story in Stabiae, a city to the south of Pompeii, so that we could meet Pliny the Elder, Pomponianus and Rectina. All three of them are real people. Rectina and Pomponianus did live in Stabiae, and Rectina did send a messenger to Pliny in Misenum asking him for help. Because nothing is left to us about the actual messenger, we have inserted Antonia into that space.

Pliny, however, did come to rescue Rectina (whether with the messenger or by himself is unknown), and he did die near the port of Stabiae. Antonia describes Pliny as having difficulty breathing near the end. She mentions that he'd always had trouble breathing, but that it was especially bad at this time. This is of course because of the ash and the gases in the air, but it's also believed that Pliny had asthma, which he does in our rendering of him as well.

Stabiae was indeed as we wrote it: a small port town and resort, just under 3 miles (about 4.5 km) south of Pompeii and about ten miles (about 16 km) from Vesuvius. *Nucerini* - people from Nuceria - did come to use the port at Stabiae, and the city was full of wealthy villas and baths. It was well known for its spring water, which apparently had healing properties. The paintings and statues Crispus likes so much are real - they refer to pieces of art found in the villas left at Stabiae. The fresco of Perseus comes from the Villa San Marco. It contains its own bath suite and quite a bit of impressive artwork.

Our major sources of information when preparing to write this were Pliny the Younger's letters 6.16 and 6.20 about the eruption and his uncle. We have tried to stick as closely as possible to what is historically known. Pliny the Elder evidently did want to climb Vesuvius to look at the cloud before the messenger showed up, and Pliny the Younger doesn't accompany Antonia and his uncle on any storyline because in reality he did not, for the exact reason he gives - his uncle gave him too much studying to do.

In terms of what happens once they reach Rectina's house, we kept it as accurate to the content of the letters as we could. Some detail is sacrificed for the sake of simplicity, and some storylines (e.g. the one in which Antonia elects to return to Misenum) do by necessity diverge from reality.

Betty Radice did a very good translation of both letters in the Penguin edition of Pliny, if you are inclined to read them. They can also be found in the original at http://www.thelatinlibrary.com/pliny.html.

The eruption timeline provided by the British Museum was also of great help. The times written into the chapters are as accurate to the progress of the eruption as we could get them. As always, some historicity is sometimes sacrificed to the plot, but we tried to minimize that as much as possible.

Harvard provided some interesting sources on ancient coinage and the approximate costs of various items. When we realized we needed to discuss the particulars of boat travel, we found more information than we could have ever used in Adkins and Adkins' Handbook to Life in Ancient Rome.

We made an effort to ensure that there were not incidental anachronisms – apples, for example, did exist in Italy at this time.

In determining how long some of the travel would have taken - in particular between

Misenum and Stabiae - we of course used Pliny's letters, but we also found the ORBIS project invaluable. It can be found at orbis.stanford.edu, and it is an extraordinary tool for learning about ancient travel costs, methods, times, etc.

Quite a bit of music has been composed on the topic of Vesuvius, and I think we listened to most of it as we worked on this. If you'd like to set your own mood, we can recommend Bastille's *Pompeii*, Frank Ticheli's fiery composition *Vesuvius,* Dar Williams' *This Was Pompeii, Cocoon* by the Decemberists, the entire album *Volcano* by Gatsbys American Dream [sic], and of course Nova Mob's *Admiral of the Sea (79 A.D. version).*

If you really liked Pliny (as we do), or if you're interested in more about Pompeii, there are a number of places you can turn next. Robert Harris fictionalized the eruption in his excellent novel <u>Pompeii</u>, and Mary Beard's <u>The Fires of Vesuvius: Pompeii Lost and Found</u> is excellent. The podcast Stuff You Should Know does an episode on Pompeii that is worth a listen. The University of Cincinnati has created some excellent podcast episodes on the topic as well:

-The Tombs of Pompeii

-Pompeii: Roman Medicine (a debate between Aulus Celsus and Pliny the Elder)

-Pliny's Letters and the Eruption of Vesuvius

All of these can be found at <u>https://classics.uc.edu/index.php/podcasts</u>.

Made in the USA
Monee, IL
08 January 2020